U0540054

徹底快樂
心的操作手冊

作者｜帕秋仁波切（Phakchok Rinpoche）
艾瑞克・所羅門（Erric Solomon）
中文審定｜劉婉俐　英譯中｜蔡宜葳

RADICALLY HAPPY
A User's Guide to the Mind

※

願我們珍貴上師
利益眾生之願望迅速實現。

願眾生離於痛苦
並獲得徹底快樂源泉。

願以此書祝福
每個地方的每個人都知足常樂。

※

目次

[序言] **東西攜手，幫你掌握自心**／丹尼爾‧高曼、塔拉‧班尼特‧高曼 —— 6

| 序曲 | **徹底快樂是什麼** —— 9

第一章　**要像獅子，不要像狗** —— 10
　　發現獅子般的智慧 —— 12
　　絕望的商人 —— 15
　　從不快樂到快樂 —— 17

第二章　**追尋快樂的難題** —— 21
　　快樂就在轉角處 —— 23
　　外在快樂卻永不滿足 —— 29
　　快樂！你在哪裡？ —— 34
　　駛離快車道 —— 39

第三章　**擁有快樂的基石：了解你的心** —— 42
　　野性不羈、飄忽不定的心 —— 44
　　創造開闊感 —— 45
　　開闊感不等於抽離 —— 49

| 第一部 | **基本快樂：掌握你的念** —— 52

第四章　**做猴子的老闆，別跟它糾纏** —— 54
　　專注於呼吸 —— 55
　　為什麼禪修有效？給心有事做 —— 57
　　有所緣禪修 —— 60
　　無所緣禪修 —— 61

放鬆的開闊感　　　　　　　　　　　　　63
　　利用感官對境為禪修所緣　　　　　　　　64
　　如何選擇禪修方法　　　　　　　　　　　72

第五章　**放輕鬆！別再比較**　　　　　　　　74
　　養成每天感恩的習慣　　　　　　　　　　77
　　感恩日記　　　　　　　　　　　　　　　81
　　禪修就好，不要衡量：無目的禪修　　　　82

第六章　**心住當下**　　　　　　　　　　　　88
　　將正念覺知融入日常活動中　　　　　　　89
　　小歇禪：五種克服焦慮與壓力的方法　　　90
　　養成修持小歇禪的習慣　　　　　　　　　93
　　從此不再無聊！　　　　　　　　　　　　96
　　建立每日禪修練習　　　　　　　　　　　97
　　【日常訓練計畫】創造基本快樂　　　　　102

| 第二部 | **相互依存的快樂：掌握你的心**　　104

第七章　**思考萬事萬物相互依存的法則**　　107
　　自由選擇是真自由嗎？　　　　　　　　　109
　　你所需要的就是愛？　　　　　　　　　　111
　　加深你的連結感　　　　　　　　　　　　117
　　思惟彼此相依性　　　　　　　　　　　　119

第八章　**放輕鬆！停止批判**　　　　　　　126
　　將他人視為另一個自己　　　　　　　　　131
　　分享快樂　　　　　　　　　　　　　　　133
　　學習放下批判　　　　　　　　　　　　　137

　　　　　祈願每個人都快樂 ································ 138

第九章　**體貼關懷** ································ 140
　　　　　四個歡喜助力 ································ 141
　　　　　慷慨布施 ···································· 142
　　　　　安忍 ·· 145
　　　　　貫徹如一 ···································· 148
　　　　　承諾 ·· 151
　　　　　日常訓練計畫　創造相互依存快樂 ········· 156

| 第三部 | **徹底快樂：掌握尊嚴** ················ 158

第十章　**培養尊嚴** ································ 162
　　　　　培養尊嚴與自信的方法 ······················ 164
　　　　　鳥的雙翼 ···································· 166

第十一章　**放輕鬆！放下萬緣** ····················· 167
　　　　　念與念之間的空隙 ·························· 171

第十二章　**保持覺知** ····························· 176
　　　　　有所緣禪修與安住在覺知中，交替運用 ······ 180
　　　　　自性中的尊嚴 ······························ 182
　　　　　日常訓練計畫　擁抱徹底快樂 ··········· 183

[後記] 願如水流暢，如虛空寬廣 ······················ 186
致謝 ··· 188
作者簡介 ··· 190
訓練清單　　　　　　　　　　　　　　192

[序言]

東西攜手，幫你掌握自心

文／丹尼爾・高曼、塔拉・班尼特・高曼

如果我們能以某些視角審視自心，也許就會發現心就像一隻野猴子般，經常隨心所欲、任意而為：心可以在一瞬間往任何方向飛去，這秒鐘在這裡，下秒鐘就到了別處。

我們能夠更好地掌控心嗎？

教導人們掌控自心的書籍，早在數千年前就已存在，尤其在亞洲文化中。這些都是所謂的「禪修指引」——特別用來指導畢生致力於修行的僧人、尼師及瑜伽士如何禪修的竅訣指示，但這些竅訣都是私底下秘密傳授，除了這些硬底子修行者的小圈子外，通常不會外傳。

時序快轉到21世紀，科學家們紛紛針對那些禪修功力達到奧林匹克等級禪修者的大腦進行掃描，發現他們的心透過禪修的內在訓練，朝有益的方向產生了極大變化——就像做了一場心靈重訓。「大腦神經可塑性」的概念說明了：透過建立特定心理迴路（這也是禪修的精髓），能夠強化腦神經元間的傳導。研究數據顯示

「劑量與反應呈正比」，意思是投入時間越多，效益越強，而且這些效益會在初期就展現出來。

自從這些古老方法被社會大眾運用後，情況有了大幅的轉變，需求從未如此強烈過。我們的社會、科技、文化在高速變化下，可說是每小時都在急遽變遷，迫使每個人有如身處滔滔洪流裡，得不斷適應新事物，每個人莫不感到昏頭轉向。

因此，目前已有數百萬人透過禪修尋求內心平靜，一點都不令人意外。市面上類似的心靈訓練非常多，有些成效斐然，有些則不彰；然而無論你是否為專事禪修者，都需要一個簡單、實用的心靈操作手冊。

你所要找的都在本書裡了。

我們認識本書二位作者很多年了，可以證明兩位絕對擁有這方面的豐富知識，也很感激他們在我們困頓之時伸出援手。

帕秋仁波切的家族裡有許多著名的禪修大師，其祖父祖古烏金仁波切是1950年代舊西藏時期最卓越的禪修大師之一；祖古烏金仁波切的曾祖父秋吉林巴，是19世紀西藏的傳奇大伏藏師，以取出古老智慧法教聞名。帕秋仁波切本人則被認證為另一位偉大西藏上師的轉世。

雖然如此，正如你將在《徹底快樂》裡讀到的，仁波切的生活就和你我一樣，並無多大差別，因此他輕鬆列舉了他自己的疑惑、

憤怒與你我都很熟悉的其他情緒，來說明每個人都可以在各自跌宕起伏的現實生活中，找到一方更踏實的立足之地。您將在本書中看到許多他如何面對生活瑣事的樸實故事，輔以清晰、易懂的禪修指引，是在心靈詭譎淺灘為我們領航的心要建言。

艾瑞克‧所羅門以其個人專長為本書擴展了廣度。他在很年輕時就成為傑出的軟體工程師，並在高壓的矽谷裡擔任高階主管多年。同時，艾瑞克‧所羅門也是一名自律甚嚴的西藏佛法禪修行者。因此，他能以精確的科技人角度，輔以清晰的資深修行人視野，將修心方法以契合當今這個瘋狂世界的方式呈現。

帕秋仁波切和艾瑞克‧所羅門，兩位都是善於運用生動幽默的方式、舉個人生活實例來闡述要點的人。於焉誕生了這本容易閱讀，又能幫助我們訓練自心的實用手冊！

序曲
徹底快樂是什麼

如果能不斷訓練自己安住於當下，
就能以截然不同的方式感受自己與周遭環境——
不被慣常的思慮與情緒左右。
這樣的存在方式是體驗徹底快樂的精髓。
本書將介紹具科學根據的念頭實驗，
還有一系列容易執行的禪修練習，
你可以實修並將之融入日常生活中。

第一章
要像獅子，不要像狗

快樂不是在特定環境、條件中獲得，
而是端看我們如何面對自己的一切體驗——
包括置身混亂與迷惘時。

這是一本關於快樂的書。

好吧！也許我們應該就此打住，因為我們幾乎可以聽到你在想什麼？沒錯！我們知道你在想什麼。談論快樂的書已經夠多了，有必要再多一本嗎？更何況，還是由兩個佛教徒出的快樂書？如果佛教的終極目標是獲得完全證悟，為什麼要出一本書專門講快樂這個微不足道、轉瞬即逝的情緒呢？

好的，因為我們認為大家可以多運用快樂一點。而且本書的確有些不一樣的東西：一條真正的快樂之道。我們不會告訴大家快樂只有一個樣貌——就好像快樂是廣場上的那尊銅像般；我們會告訴大家快樂有好多種類、有好多層面！因為快樂是那麼美好、燦爛的東西。

沒錯，我們是佛教徒，而佛教談的主要是關於證悟。但如果內心沒有知足、基本明智、端正的自我形象做為堅實的基礎，無論是嚴格修行人或在家居士，都沒有辦法在人生中獲得豐碩成果。不是每個人都想成為佛教徒，但誰不想擁有豐富多彩的人生、盡情享受生命？我們都希望自己能夠做到凡事淡定以對，不會一有什麼閃失就抓狂發飆。以上這句話是獲得徹底快樂的核心，那是一種泰然自得的微妙感受，隨時都可汲取，尤其當事情進行得不怎麼順利時（例如，當情況真的糟糕透頂）。

我們要如何擁有這樣的快樂體驗呢？答案是，只要生活態度做一點微小卻能徹底發揮的改變。快樂不是在特定環境、條件中獲得，而是端看我們如何面對自己的一切體驗——包括置身混亂與迷惘時。因此，學習如何改變自己的心態，時時刻刻，改變自己看待世界、看待腦海中閃過所有瘋狂念頭的角度，這就是本書的內容。此外，我們也鼓勵你在學習改變的過程中，以開懷笑容面對迎面而來的諸多情況。

本書所提供的是心之操作手冊。你的「心」是你此生最重要的設備，也只有你自己才懂得如何操作它！我們將在書中與你分享如何進行念頭實驗、思惟練習以及禪修技巧，幫助你充分發揮自己的心。此外，本書的視野也很特別：它是由一位矽谷企業家和一位藏傳佛教上師，兩心交會後的結果。東方與西方相遇，古老智慧與現代科學結合，產生了本書絕對原創的視角，教導大家如何實現生命的完整潛能。

我們的徹底快樂學不是紙上談兵，而是自己、家人、朋友，以及

成千上萬名來參加工作坊、閉關及研習的人試驗至今的成果。就像所有優秀的應用程式工程師一樣，我們已針對這個徹底快樂應用程式做了許多數據測試，中間發現一些主要問題後，又做了許多除錯修正。這幫助我們確定掌控自心的過程每個人都能做到，都能受用。

但很奇怪的是，我們居然從這些研究與實驗結果發現：快樂從不快樂產生。既然這樣，我們就從這裡談起。且讓我們用自己不快樂的故事來自我介紹。看看我們如何在自己的憤怒、沮喪中掙扎，引領人生產生了巨大轉變！

發現獅子般的智慧

帕秋仁波切

我從小就被人以西藏傳統方式選定為受人尊崇、禪修高深的佛教上師轉世。因此，當我進入寺院學習時，我的教師們都對我寄予非常大的期望。他們給了我很大的壓力，希望我能符合這位大師過去的榜樣。但我並沒有按照他們的期待而表現，而是像大部分青少年一樣，反抗所有的期待與壓力。我對所有的人事物，都有一股怨氣，而這股怨氣日益增加，使得其他僧人都在我背後偷偷叫我「氣球」。每當我心情不好時，大家只想離我越遠越好，一點都不好玩。

當時我就想：「你們認定我是某個禪修大師的轉世，但是這對我一點意義都沒有，我連我自己是否相信佛陀所說的話都不確定！」

儘管我學習了很多佛教哲學思想，這點我倒是對自己的聰明才智蠻滿意的（因為那跟拆解很難的謎題很像），但我對所研讀偉大著作

當中的道理卻是一點真實領悟都沒有。因此我變得更加火大，覺得自己根本算不上真正的佛教徒，更不用提每個人都說我應當是一位受人尊敬的老修行了。事實上，那些我所學習到的哲學理論，對我唯一的用處就是讓我變得越來越會辯論。我可以輕易地擊敗我的同輩，而這正好提供我一個機會，讓我把攻擊性發洩到其他人身上。我心裡想，在辯論場合痛宰他們，總比直接給他們一拳好吧！這就是十七歲的我，一天到晚滿腦子所幻想的事。

最後，我再也受不了了，我跑去找我的主要禪修老師，一位名叫紐修堪仁波切的偉大上師，告訴他我的情況。他的回應是教導我「慈愛禪修」。他要我每天很真誠地祝福每一個人都能快樂。接著，更進一步還要想像每個人都變得越來越快樂；不能只想像一、兩個人而已，而是每一個人。

我每天都練習。剛開始似乎進行得還不錯，我的憤怒漸漸平息了。但有一天，我問自己：「我為什麼要願每個人都快樂？如果他們根本就不關心我。我為什麼要關心他們，這對我有什麼好處？」

這樣的想法，只是更加惹惱我而已。我也注意到，當我的憤怒增加時，那些滿足、歡喜的感受通通都消失了。我變得越來越痛苦。於是，我仔細環顧自己，把自己跟上師比較了一下。我的父母和上師那一輩的西藏人，都是逃離西藏、流亡到尼泊爾或印度的難民。他們歷經千辛萬苦，離開祖國，適應新的國度。尤其是我的上師，他必需拋下西藏的一切，一生多數日子都在極度貧困的情況下度過，生活非常簡樸，還得承受非常折磨人的健康問題。反觀我，住在良好環境裡，有充足的食物和許多現代文明物質享受。然而，我的上師卻總是散發出非常恬靜、喜悅的氛圍，我很喜歡就只是和他坐在同一個房間裡。想到這裡，我認為自己有必要再跟他多談談，因為不只其他人想避開我，連我自己都無法忍受我自己了。

我去找上師,向他請問該如何處理我那看似有無限力量的憤怒和攻擊性。

他回答:「別老像狗一樣。要像獅子!」

「那是什麼意思?」我問:「像獅子一樣咆哮嗎?那樣能改善我的生活,讓心平靜下來?」

「當你朝一隻狗丟石頭時,狗會怎麼做?」他問。

「狗會去追石頭。」我回答。

他說這正是我在做的事,像狗一樣——不斷追逐腦袋裡生起的每個念頭。我認真思考了一下。確實,每當我生起一個念頭時——比如「那個人惹我生氣」——我便會去追隨這個念頭。完全沒有注意到自己耽溺於這個念頭上,一遍又一遍不斷回放,為這個念頭敲邊鼓,找出所有值得生氣的正當理由。這麼做,我把自己也變成了那個念頭。仁波切點出我是如何追逐心中憤怒念頭的情況,就像狗去追逐石頭一樣。

「當你朝獅子丟石頭時,」他接著講:「獅子根本不在乎那顆石頭。相反的,牠會立刻轉頭去看誰在丟石頭。現在你想想:如果有人朝獅子丟石頭,獅子回頭看時,會發生什麼事?」

「那個丟石頭的人不是拔腿逃跑,就是被吃掉。」我說。

「你說的沒錯,」我的老師說:「無論哪一種,都不再有石頭了!」

....

這一課就是本書的核心。此處重點是讓你學會不要習慣性地追隨腦海中每個念頭。透過進行接下來幾頁所介紹的訓練,你將會漸漸熟悉讓心處在當下,不受任何生起的念頭或情緒影響。此外,透過真心誠意為他人福祉著想,你的心將變得更滿足,也更容易能全然住於當下。這兩者相輔相成。

絕望的商人

.... 艾瑞克・所羅門 ....

我站在我那美麗的家中泳池裡，眼前風光迤邐，舊金山市廣闊的天際線，兩座巍峨大橋，向北跨越湛藍色海灣，向南延伸至矽谷北端。老鷹優雅地翱翔在朗朗晴空，尋找嚙齒動物為食。我的妻子在泳池邊看著我，眼神充滿了擔憂。

我沒有游泳，也沒有移動，一動不動地站在那裡，完全陷入腦中思緒，對周遭環境毫無反應。突然間，我回過神來，才發現自己身在何處。「我對一切都無感了，也無法享受。」我對伊娃說著：「包括這個溫度恰到好處的太陽能游泳池，眼前如詩如畫的美景，還有……」我的聲音逐漸放低，刻意壓抑自己不要脫口說出：「我美麗的妻子，或任何別的事情……。」我接著說：「我完全無感了。」

我當時在一家非常賺錢的科技公司擔任軟體工程副總裁，這間公司在最近一季華爾街季報分析中被發佈了非常、非常差的負評表現，使得我們公司的股價連番下跌了好幾次。一夜之間，幾乎我們所有的浮資產（原本很輕鬆就到達七位數）憑空消失了。突然間，我眼前不再是滿滿的安全感，而是巨額的房貸壓力，和存款只夠支付兩個月開銷的窘境。我怎麼會這麼愚蠢呢？我曾經擁有一切，如今可能會失去一切。

一個有錢人，因為自己的愚蠢，損失了比多數人存款數字還要多更多的金額，導致他沒辦法享受他的游泳池——說實在的，這樣的處境實在很難博得世人同情，但這也恰好說明了，很多時候，自身痛苦的感受取決於我們看待事情的角度。幸好，在這件事情上，我的自戀完全獲得了控制。

我走出泳池，灌了幾杯烈酒，直接上床睡覺。大約凌晨五點鐘，

電話響起,我拿起聽筒到耳邊,對著話筒咕噥說了一句類似「你好」的話。電話那一頭是我的主要禪修老師之一,我跟著他學習禪修將近20年。他人在法國,帶領每年的夏季閉關。

電話裡,他宏亮的聲音穿越了橫跨我們之間的九個時區,他說:「我正在前廊喝香檳慶幸無常!」隨後是爽朗的笑聲。我當下沒有注意到,他不太可能喝香檳,更不用說在下午兩點鐘了。

我內心感到困惑不已(他怎麼知道要打給我?),我回答他:「現在是凌晨五點鐘。」就好像他不知道一樣。

「現在一切都很好,別自己想太多。」說完,他就掛電話了。那一刻,我的心情五味雜陳,既感激他因慈愛打這通電話,卻又因為他把我吵醒,只因為叫我不要想太多而惱火。我從床上起來修持晨間禪修,準備去上班。當我走進淋浴間,回想起過去這幾天所受的精神折磨時——我發現中間有兩個時候,其實我的感覺還挺不錯,一次是當我在打坐時(也就是,完全處在「當下」),另一次是我在教導下屬如何度過這段艱困時期。公司裡幾乎每個人的情況都差不多,眼見手中的認股權瞬間化為烏有。有些人必須重新思考如何籌措孩子的大學學費,有人則須苦思該如何還清那些當他們自以為可以躺著賺時,所欠下的鉅額消費債務。而我至少還有一份矽谷副總裁的薪水可以領,團隊裡的人幾乎都陷入了措手不及的財務困境中。

人們需要安慰和可以哭訴的肩膀,我是部門主管,因此在每天超過十小時的工作裡,有某些時刻讓我不能沉溺於自己所面臨的窘迫之中(也就是「自己想太多」),因為職責所在,我得回應他人的需求。我的那位上師有一種神奇天賦,經常做一些不按牌理出牌的事,讓我猝不及防,第一時間抓不到要領,但事後卻感激不已。直到今天,我仍非常感謝他那通沒頭沒尾的簡短電話,讓我能跳脫出來。

從不快樂到快樂

這兩個故事有什麼共通點嗎？這兩個故事都告訴我們，我們的問題可以透過把心帶回當下，和為他人著想來解決。難道通往快樂的路就這麼簡單嗎？說起來容易，但實際上卻頗有挑戰性。不過能做到這兩點，的確是擁有徹底快樂——也就是真正、永恆快樂的根基。

當我們更熟悉於安住在當下，安住在慈悲心的狀態中，徹底快樂將油然而生。這樣做並不表示我們要將自己阻絕在一切生活的烏煙瘴氣之外，活在事不關己的飄飄然中；不是這樣的，擁有徹底快樂的人也會有悲傷與失望，但那些感受不會壓過他內心充滿的微妙怡然感。

那麼我們要做什麼，才能學會擁有徹底快樂呢？

在本書第一部分，我們檢視如何轉化與自己的關係，學習改變看待念頭與情緒的態度，與學習如何更專注於當下。這些我們稱之為「基本快樂感」。能使基本快樂感產生徹底改變的，是少讓自己成為一隻追著石頭跑的狗：習慣性地被念頭、情緒帶著跑，一遍又一遍不斷回放，即使自己並不想要這樣。

我們可以試著每天花一點時間練習住於當下——這個過程我們稱之為「禪修」。但即使不打坐時，也不應把住於當下的練習拋之在後。我們會在後面介紹如何將住於當下整合進一整天的一切行為中。

本書第二部分,我們將探討自己看待周遭世界的態度,尤其是周遭的人。透過反省、反思,我們逐漸明白自己和他人的經驗是連結在一起的。這樣的體悟讓我們在與他人互動時生起同理心,並學習更體貼地行事——即使我們真的、真的非常討厭那個人。當我們的行為能考慮他人需求時,那麼——「相互依存快樂感」——一種特別的滿足感與喜悅就會產生。這裡面牽涉到一個跟我們直覺背道而馳、出人意料之外的做法:通常我們認為,為了照顧好自己和親人,必須把自己和親人的需求擺在他人之前;但為了產生相互依存快樂感,卻要培養慈悲心,學習將他人看得和自己一樣重要。讓我們來解釋這到底是怎麼一回事。

大家都很明白「己所不欲,勿施於人」的黃金法則,也曾聽說許多新興科學研究說明悲心的益處。但這些都沒有教導我們如何落實到日常生活中。本書不但要手把手教你如何實現,還要教你如何將方法完美融入現有的生活形態中。你可以輕輕鬆鬆地試著做看看,看見相互依存快樂感如何對自己產生效用。

第三部分我們要看看前面兩個部分的快樂感如何交相增長,最終產生徹底的快樂。如果我們能透過讓心安住當下而擁有基本快樂感,就不會不由自主地被念頭帶著跑,心思飄盪散亂;透過不斷關注他人的需求,奠定相互依存快樂的基礎,知道感恩,並了知自己與這個世界和所有住民都以相互依存的法則生活著。

我們必需加強座上修的正念覺知,以穩定自己的慈悲心,讓自己在各種情境下,即使面對行為惡劣的人,都能自然生起正念。當我們心裡顧念他人時,就會忘了自己。這會讓那看似連綿不斷、

習慣性地像狗一般追逐念頭、情緒的行為消失了。當希望他人獲得快樂的想法充滿自心，經常盤據著的自我中心就會隨之消失。如果能不斷訓練自己住於當下，就能以截然不同的方式感受自己與周遭環境，不被慣常的思惟模式與情緒左右。這樣的存在方式是體驗徹底快樂的精髓。我們將在書中介紹一些具科學根據的念頭實驗，還有一系列容易執行的禪修練習，你可以自行嘗試並將之融入日常生活中。

學會擁有徹底快樂將帶來一種無所不在的知足感，或者至少能幫助你擁抱更多生命的喜悅，在更多時候都能感到心情愉悅。禪修不 定得是無聊的；關懷他人需求並不一定得是苦差事。

更重要的是，本書不僅是一本教導你如何獲得徹底快樂的指南，也將說明為何這些訓練與準則有效。如此一來，擁有徹底快樂對你而言便是合乎邏輯、禁得起考驗的，並且也能實際感受得到。不論這兩位作者有多敏銳、帥氣、睿智，書中所言也許你不必照單全收，但你可以親自去體驗。

在閱讀本書時，你會經常發現「我們」這兩個字。多數它是指我們所有人：包括讀者、作者、每個人。因為徹底快樂並非指作者的「我們」已經到達徹底快樂的終點，而是 個持續演進的過程，一種認真生活的方式，是每個人都可以學習、參與的方法。這是一種態度，雖然有時會掙扎，卻總是可以微笑以對。

就好像演奏樂器一樣，即使鋼琴大師也會說自己每天還是有新鮮的東西可以精進琴藝。身為作者的我們，也許練習彈奏徹底快樂

這個樂器的時間比你長一些，但我們仍是練習者（修行者）。如果你每天花一點時間練習彈吉他，也許你沒有辦法彈得像傑瑞·加西亞（Jerry Garcia）、傑克·懷特（Jack White）、瓊·傑特（Joan Jett）或邦妮·雷特（Bonnie Raitt）那樣好，但一段時日之後，你必定也能夠彈奏一些東西來自娛娛人。這道理跟練習徹底快樂是一樣的，透過練習書中內容，不需多久後你就能享受成果，同樣的你周遭的人也能享有。

現在就讓我們開始吧！但首重之重就是：我們要從自身的不快樂開始，我們要很精準地去審視自己平常都用什麼方法尋找快樂，然後捫心自問，那個方法成效如何？

第二章
追尋快樂的難題

尋找快樂的難處在於我們的行為方式：
我們花太多時間從外在環境、條件中尋找快樂——
這點與真正能覓得快樂的方式完全不符。

想像一下，假如此刻的你在醫院病床上醒來，兩眼看著天花板，全身籠罩在蒼白的日光燈下。你的大腦一片混沌，完全記不得發生過什麼事。幾分鐘後，醫生走進來告訴你，你站在街角被車撞了，她還委婉地告訴你，你的兩條腿永久喪失行動能力，終生都必需倚靠輪椅度過。

聽到這個消息，你的感覺如何？如果用一到十分評比此刻的快樂程度，你會給幾分？快轉一年之後，你的快樂感又如何呢？

現在想像另一個場景：你的伴侶衝進房間，把你從美夢中叫醒。她極為激動，你的第一個念頭是，她是不是瘋了。當你坐起身後，終於發現她這麼激動的原因不是因為瘋了，而是欣喜若狂。突然間，那些鬼吼鬼叫的噪音變得有意義，你發現那張被你遺忘

的樂透彩券現在特別值錢——你中了很多、很多錢,精確一點說,總共是一億五千萬美元,這個金額遠遠超出了你所能夢想的。

聽到這個消息,你感覺如何?或許你會發現自己變得跟太太一樣,在房間裡手舞足蹈,做相同動作。剛剛你還以為她瘋了呢!所以,你很快樂,對吧?一到十分,你肯定會給十分吧?那麼再次快轉一年後呢?你還會那麼快樂嗎?

你覺得呢?坐輪椅比較快樂,還是擁有很多錢比較快樂?大部分人對這問題,答案再清楚不過:當然是有錢比較快樂。然而,事實或多或少違背了我們的直覺。有一個很棒的研究證實了這個截然不同的結論。

1978年,一項研究比較了29名截肢者和22名樂透中獎者的快樂程度。初期,研究報告顯示中樂透者的整體快樂感增強,截肢者的快樂感則比之前下降。然而,僅僅一年過去,兩組人馬的快樂感都回復到先前的水準。換句話說,儘管外在際遇有著天壤之別,快樂感卻沒有顯著差別[1]。多奇怪的結果啊!但事實是,我們真的不太了解究竟什麼東西會讓我們快樂。

接下來,我們來進行一趟小旅行,你可以把它叫做檢視自己跟

---

[1] P. Brickman、D. Coates、R. Janoff-Bulman〈樂透中獎者與車禍受傷者:快樂是相對的嗎?〉,《人格與社會心理學期刊》(*Journal of Personality and Social Psychology*)第36期,第8號,頁:917-927,1978年8月。

快樂關係的短暫假期。但我們現在就可以告訴你，有個事實我們非常確信：真正的快樂——我們稱之為徹底快樂的東西——不存在於生活際遇或物質條件中。對這個簡單的真理人們可能需要花一段時間才能真正接受，因為我們過去花了太多時間想要反駁這個道理，雖然我們心知肚明的確如此。因此，我們再重複一遍：

徹底快樂不存在於生活際遇或物質條件中

很多人聽到這句話會說：「廢話！快樂當然不是透過物質財富，或創造一些有利條件就可以獲得，你去看看那些文青賀卡就知道啦！」但如果我們帶著探究的心，好好去檢視平常自己都是怎麼消磨時間的，就會發現大多數人的實際行為，正好反應了我們真的相信客觀環境跟物質是通往快樂的關鍵。

這是個迷思：我們所知的真實跟實際行為不一致。為了破解這個迷思，要進行一點探究；為了讓生活發生微型但卻徹底的改變，我們需要仔細觀察通常自己尋找快樂的方式，看看中間有什麼問題。我們還需要真正測試這句話：快樂不存在於生活際遇或物質條件中。因為我們日復一日，大多數時候，都認為自己可以在際遇與物質中找到快樂。

快樂就在轉角處

大家都想知道獲得快樂和人生意義的秘訣。初期，顯然我們似乎可以透過創造有利的情境來找到人生意義與滿足感：像是住在

豪宅裡、擁有一份有趣且高薪的夢幻工作、令人滿意的婚姻、成功快樂的孩子、有很多好朋友或時不時的度假機會。但是，即使我們就是那個少數能夠全部實現這些條件的人，你認為這些「成功」能夠讓我們暫時擺脫一點點內心的焦慮、沮喪和不滿足嗎？

如果我們將自己的人生當作一部電影來看，包括所有在腦海中上演的內心戲，你會清楚發現，其實打從內心深處，我們根本就不相信快樂隨手可及，於是不斷地重複一個永無止盡的循環，就像這樣：

▶ 　尋求慰藉與快感，盡力逃避苦難

▶❙❙ 　暫時獲得緩解，或一無所獲

↩ 　再度尋求慰藉

還有另一個迷思就是：我們努力工作以創造愉悅的情境，認為似乎只要達成那些條件後，從此就一帆風順了。但實際情況卻是，幾乎在達成那些條件的當下，馬上又會開始擔心要怎麼讓這些條件維持下去，又或者立刻追求另一組能帶來快樂或避免痛苦的目標。儘管我們付出這麼多努力，卻仍然擺脫不掉內心潛伏的不安全感，使得那一連串用來追求快樂、避免痛苦的策略永遠無法奏效。

要是我們處心積慮用來追求生活舒適、愜意、衣食無缺的計畫都失敗了，導致生病、窮困、家庭失和，該怎麼辦？這次追求快樂

的計畫告吹,是否意味著若是沒辦法扭轉頹勢,日子就會從此一蹶不振?

當然,把時間花在努力改善生活條件是理所當然的。照顧好自己與所愛的人沒有什麼錯。但是,一遍又一遍重蹈覆轍,做那些根本無法帶來長久快樂的事,卻又期待它會有不一樣、更令人滿意的結果,實在沒有多大意義。

例如,吃一頓大餐的滿足感很快就會消失了;如果我們過於得意忘形、狼吞虎嚥的話,這種滿足感甚至可能在用餐時就不見了。朋友和親密伴侶來來去去,即使在最親近之時,也可能對這些最好、最親近的人感到厭煩、煩躁或憤怒。縱使你很愛自己的父母,或許跟他們同住一個屋簷下卻會讓你很抓狂,最後迫不及待要自立門戶,然而等到搬出去住後,又會開始很想念他們。

工作上,如果夠幸運能飛黃騰達,一開始可能會很興奮,認為「嘿!宇宙終於為你而轉」,財神來敲門,自己終於成為掌控命運的船長。但是好景不常,我們又遭逢人生另一個挑戰,過往那些美好感受煙消雲散。但我們不會被打倒,繼續努力,不屈不撓,懷抱信心為下一個快樂光景攻城掠地。然而不久呢,這個光景又會像其他外在際遇一樣迅速消退。

這裡面究竟有什麼問題呢?簡單來說就是:外在際遇的本質,原本就是不斷流逝且不穩定的。那麼,我們又怎能仰賴這種稍縱即逝且不穩定的條件,期望能獲得長久的滿足感與意義呢?這就是追尋快樂會面臨的難題之一:我們表現得似乎可以在美好的外

在際遇、條件中找到快樂，但外在際遇、條件的本質是稍縱即逝的，想當然爾，結果注定會令人失望。

那麼，為了滿足尋找快樂與人生意義的心願，應該有更好、更有成效的方法吧？那會是什麼呢？要好好回答這個問題，就要繼續挖掘與檢視我們平常尋找快樂的典型方法，看看是否還有其他方法可以帶來真正效果。

還記得在本章開頭，你非常確信自己如果是樂透得主，會比終生困在輪椅中快樂許多，對吧？即使實驗證明與這個假設背道而馳，但我們內心仍有一部分頑固地不願相信——這說明了：我們並不擅長預測外在條件對自身滿足感的影響程度。

舉個例子，我們有一對名叫吉姆和珊的夫妻朋友，他們在經過多年樽節與儲蓄後，終於能在城裡新興地區買下一層兼具生活與工作的公寓頂樓。他們非常興奮終於能有一個地方可以安居，還可以經營他們的諮商事業。從此，他們可以每天很悠閒地起床，沖泡咖啡，在家線上工作。

此外，他們家附近還有很多廉價的餐廳以及豐富的夜生活。在砸大錢買下這間夢想中的閣樓公寓前，夫妻倆原本可以自由選擇有興趣的案子，如今在巨額房貸壓力下，只能接受那些過去根本不會接的工作。他們常擔心付不出房貸月付款，得四處奔波開發新客戶，還要經常跟公寓的其他住戶調解房子維修問題。種種壓力下來，他們發現自己比以前更不快樂了。他們的閣樓公寓雖然是棲身之地，卻也成了囚籠。

緊接著，2008年爆發金融危機，有餘裕的客戶變少了。吉姆和珊發現他們房子的價值也發生了翻天覆地的變化，公寓實際價值遠比他們當初的房貸金額還要低。出於無奈，他們只能咬緊牙關繼續支付房貸，因為他們承擔不起把房子低價賣掉，這樣根本沒有足夠的錢結清貸款餘額。最後，多年過去，他們漸漸新增了一些客戶，房市也有所改善，但他們追求夢想與心願的行為，導致他們過去好幾年時間都生活在巨大壓力中、心力交瘁，無緣享受快樂與愜意。

當然，他們也曾在那棟閣樓公寓裡有過一些美好時光，舉行過幾次盛大派對。然而為了獲得這些稍縱即逝的滿足感，所付出的代價卻是長久的壓力、擔心與犧牲。這跟電視廣告說擁有夢想家園可以帶給你快樂，簡直天差地遠。而且，可以肯定的是，我們的朋友絕不是這世上唯一擁有完美棲身之所，希望依靠豪宅來獲得快樂、到頭來卻發現自己身陷苦海的人。這麼聰明的人怎會失算呢？他們怎會不知道什麼東西會讓他們快樂呢？

事實上，越來越多科學研究顯示，人類在推估什麼東西會讓自己快樂、什麼會讓自己不快樂時，有很大的偏差。例如，最近一項研究發現，擁有終身職的教授們認為，如果自己失去終身聘僱，一定會很不快樂[2]。但研究人員在比對終身職跟非終身職工作者的快樂感時，卻發現兩者並無顯著差異。

---

2 D. T. Gilbert、E. C. Pinel、T. D. Wilson、S. K. Blumberg、T. Wheately〈免疫忽視：情感預測持久性偏差的來源〉，《人格與社會心理學期刊》，第75期，頁617-638，1998年。

你可能會想,如果我們不太會預測什麼會讓自己快樂,那為何我們不從錯誤中記取教訓並改進呢?沒錯,科學家們也注意到這點,一些研究結果顯示人們不僅不擅長推測快樂感,甚至也不擅長在事後記住什麼東西會讓自己快樂或不快樂。換句話說,我們把自己的推測忘得一乾二淨,或根本不重視。

例如,有一項研究是在2008年歐巴馬跟麥肯在角逐總統時,專門針對兩方選民的調查[3]。研究人員發現,選前麥肯的支持者說如果歐巴馬贏的話,自己一定會很不快樂。其中有許多人表示,那不僅對國家是一場災難,對他們個人也是無法承擔的結果。然而,投票結果出爐一周後,這些支持者說自己並沒有像原先說的那樣不快樂。有趣的是:他們也不記得自己曾說過情況會有多糟。又或者,他們可能記得,但實際上現在卻覺得沒那麼嚴重。

這些在在表明了我們不僅不擅長預測什麼會讓我們快樂或不快樂,甚至也沒有從失敗的預測中記取教訓。原因很簡單,因為我們根本就不記得!結果便是,我們處在失憶情況中繼續下去,繼續根據錯誤預測計劃行動,誇大或低估做什麼會讓我們很快樂或很不快樂。儘管我們無休止地以各種瘋狂舉動來尋找快樂,但那些舉措卻很少帶給我們想要的滿足。事實上,這些舉措非但沒有帶來快樂,反而給我們帶來更多困難。

---

3 Tom Meyvis、Rebecca Ratner、Jonathan Levav〈為什麼我們學不會精確預測感受呢?根據錯誤記憶所做的預測總是讓我們重蹈覆轍〉,《實驗心理學期刊》(Journal of Experimental Psychology),綜合第139期,頁579-589,2009年11月。

外在快樂卻永不滿足

尋找快樂時會發生的難處，歸根究柢是這樣的：我們為了尋找快樂，最終為自己帶來更多挫折與不滿。即使過程中，我們為自己攢得些許快樂，但那些快樂都是暫時的，往往迅速消退。不僅如此，這種短暫滿足的情況，不僅很快就會消失，還會進一步衍生出將來的不悅、不滿足。

我們現在來進行一點「念頭實驗」。假設你在讀這本書的時候，坐在自己最喜歡的舒適椅子上閱讀。也許窗戶是開著的，涼風徐徐，你的腳擱在椅子上。此刻的你全然沉浸在書中，享受歲月靜好的感受。舒舒服服坐著，手裡拿一本好書，這真是一種享受，對吧？

但是，如果你被告知接下來十個小時，都不能離開這個極度舒服的位子。請問要多久時間，這個位子才會變成很不舒服呢？答案應該是馬上吧！這個位子剛剛還那麼愜意、舒適，現在卻變成不舒服甚至是痛苦的根源。

即使不需要一直有人命令我們維持不動，我們也會很快發現原本的姿勢會變得不怎麼舒服。於是，我們開始如坐針氈，改變姿勢，調整坐墊，關窗戶。（我們甚至會想，這時候如果能喝點飲料、吃點零食或是放點音樂該有多好。）雖然我們不願承認，但事實似乎是這樣的：未來的不舒服，是從自己舒服地安頓在某個點之後開始的。

重點不在於我們不該放輕鬆、好好享受人生。放輕鬆和享受本身不是問題，問題在於：我們通常用來確保快樂的方法並不奏效。縱使我們擁有無數讓人非常愉悅的際遇，但我們知道如何充分享受它們嗎？

回想一下，上一次你擁有非常美好的一天。是什麼條件讓那天如此美好？是那個地方嗎？是你的同伴嗎？還是你所做的事？也許這些都是。

艾瑞克‧所羅門

每年二月，我和妻子伊娃都會到墨西哥的卡波聖盧卡斯，躲避加州陰雨綿綿的冬雨。那個地方距離矽谷只有兩個小時的飛行時程，我們早上出發，下午就能抵達迷人的海灘。有一次，我們在那裡度過了一段特別恬靜怡然的時光。每天早上我們都會面對大海禪修一會兒，然後再下去游泳。

當時，我們兩人坐在沙灘椅上，覺得世上最快樂的時光莫過於此。我伸出手臂，充滿愛意地將美麗、親愛的伊娃拉向自己，接著便聽見自己口中，輕輕嘆了口氣說：「唉，好可惜，沒辦法每天都過這種日子。」當我聽到這句話不自覺地從我嘴巴裡溜出來時，頓時我意識到，即使在這麼完美的情境下，我的內心仍隱含著些許不滿足。

在如此快樂時光裡，我們是不是都會想：「好可惜，不能每天都這樣。」即使事情進展極為順利，也無法充分享受，因為心裡總會想著：「好可惜啊……」我們努力想把這種時光延續下去，

又或者如果沒辦法延續的話，就反覆回味，忙著紀錄每件事，拍照、錄影，捕捉美好時光。於是，很顯然地，原本可以恣意享受當下，卻被這份想要延續、複製、捕捉樂趣的心給蓋過去，取而代之的是忙著思考、計劃和記錄。這樣的處境多可悲啊！

即使在非常愜意的情況下，我們也經常不由自主地被內心深處隱微的不安所影響，提醒自己美好時光不長久。即便我們度過了愉快的周末時光，你我也都很熟悉每到週日下午的那股憂鬱感。這種遺憾，這種隱隱的不滿足感，來自於我們或多或少都明白——這一刻已然溜走，成了過去。當我們忙著計劃下一次的「逃避不快樂之旅」，即使當下那一刻是快樂的，也終究會黯然失色。

難道這是享受美好時光的正確方式嗎？

如果能讓美好的一天持續下去，就解決問題了嗎？例如，我們認為跟好朋友去海邊遊玩是最棒的一件事。幻想一下，如果可以把這天鎖住，讓未來每天都是跟死黨去海邊歡樂的日子，陽光總是燦爛，年復一年每天都是如此，你覺得結果會如何？會不會開始覺得日子乏善可陳？渴望去不同的海灘？或者期待有時可以下點雨，只是為了來點新鮮的？還是換點別的東西吃？換新的朋友？最有可能的情況是——我們仔細想想就會知道，過不了多久，我們就會厭倦沙灘、陽光，厭倦同一群朋友、同樣食物，覺得一切都很無聊。原本看似能提供快樂與滿足的相同外在環境，不可避免地，成為未來不滿足的源頭。

這一課告訴我們什麼？在外在際遇、條件和事物尋找快樂有三個主要問題：

1. 我們並不擅長預測什麼東西會讓自己快樂。
2. 即使我們都做對了，也設法創造能提供快樂的一切正確條件，仍然會發現自己沒辦法好好享受，要不是一直想辦法延長快樂，就是對其稍縱即逝的本質感到不快樂。
3. 那些在最初能讓我們感到快樂的東西，到頭來會變成不知足的源頭。

尋找快樂的難處在於我們的行為方式：花太多時間從外在環境、條件中尋找快樂——這與真正能覓得快樂的方式完全不符。事實上，最近的研究也支持這個觀點，認為人們對生活的整體滿意度和滿足感，外在條件只佔約百分之十的影響力[4]。

──────── 帕秋仁波切 ────────

根據我的家族傳統，我在結婚前一直都是出家僧人。我對婚姻擁有非常浪漫的想法，期待值也很高。我愛我妻子的一切。她非常善良、溫暖、聰慧、受良好教育。我喜歡就是看著她，完全相信與她共組家庭會帶來長久喜悅。

婚前，我的父親貼心地教導我一些讓婚姻快樂美滿的建議，他說：老婆生氣時，你不能發脾氣，也不要回嘴，安靜聽她講話就好。

───────

4 Sonja Lyubomirsky、David Schkade、Kennon M. Sheldon〈追求快樂：持久改變之架構〉，《普通心理學評論》（*Review of General Psycology*），第9期，第2號，頁111-131，2005年。

如果不想聽，就默默地走開。

從現代角度來看，我父親的建議聽起來似乎有點天真。他來自東藏的遊牧地區，那裡的女性不一定受到平等對待，但我祖父的家族裡出了幾名修行有成就的女性，都以極高智慧著稱。我的母親也肩負了撫養我跟弟弟及兩個妹妹的主要責任。她不僅是位出色的母親，也是我父親絕佳的人生伴侶，輔佐他實現所有願望。我的父母認為，必須從小就教育孩子們不能有性別或背景的歧視，要學習珍惜與尊重每個人的才能與角色。我的父親正是本著這種尊重與平等的精神，給予我那樣的建議。

在我們剛結婚的前幾週，一切都非常完美。婚前，我們雖也曾共同相處過，但如今我們可以一天二十四小時都在一起，真的很棒！我很喜歡兩人共度的時光，並發現我們的價值觀比我想像的還要一致。我們在一起時是如此快樂，我不希望有任何改變。

但這就是問題所在了。結婚前，我們都習慣了各自的生活模式。經過幾週的共同生活並適應新生活模式後，小細節慢慢展露出來。一開始是很小的爭執，後來吵架變成我們的日常，而我試圖掌控每件事。

起初，我人人盡可能適應，讓衝突彌平。但有一天，一次爭吵中，我想起了父親的建議，於是耐住性子傾聽，但不久我便想：「為什麼她一定要這樣毀掉一切？難道她看不出事物原本的美好嗎？」於是我起身，沉默離開。「你要去哪裡？我們還沒講完！」她大叫。她接受西方教育，不會容忍我保守、專制的行為。

我十分錯愕，沒想到婚姻這麼難。在我們結婚前的那幾個月，我腦中只有快樂美滿的婚姻樣貌。面對這個新的現實，我逃出了房間。

關於婚姻我還有很多東西要學，更別說尋找快樂了。

如果說外在條件沒有辦法給予我們恆久的滿足，那要去哪裡找？除了老是想著如何改善、延長或逃避我們的處境外，還有其他選項嗎？

> 勿思過去、
> 勿念未來，
> 心住於當下。
> ——佛陀

快樂！你在哪裡？

2010年，一項研究快樂因子的報告顯示，當人們的心完全沉浸在當下而非陷入胡思亂想時，他們是最快樂的[5]。在這個研究中，研究人員馬修‧基林沃斯和丹尼爾‧吉伯特發現人們幾乎有大半時間都陷在胡思亂想中。不僅如此，研究對象的快樂感在那段心神散亂的時間裡，比全神貫注於當下時還要少。這項研究將分心定義為「心思渙散」，也就是心裡跑出一堆跟當下無關的念頭。事實上，在這項研究報告中，作者表示「分心」（或者說，心不在當下）是推估快樂感一個非常好的指標。

這項研究還有一個令人驚訝的發現就是，即便我們在做的是一件苦差事，快樂程度也比心神散亂要來得高。舉例而言，研究發現當人們陷在車陣時，因為注意力集中於當下，快樂感比平

5　Matthew A. Killingsworth、Daniel T. Gilbert〈胡思亂想的心是不快樂的心〉，《科學》第330期，第6006號，頁932，2010年11月12日。

常做白日夢時還高,甚至跟幻想美好的白日夢相比,結果也是如此!

讓我們對此結果稍加思考一下:跟幻想一些心曠神怡的東西相比,塞在車陣中,兩眼無神看著前方龜速行駛的車陣,結果反而比較快樂。這簡直太不可思議了!事實上,科學研究支持以下違反常理的論斷:堅決而專注地投入當下事物——不論任何事物——都能帶來真正的快樂。

這難道不就說明了徹底快樂之可行嗎?

> **我們的不知足源自於不斷對個人體驗品頭論足。**
> ——祖古烏金仁波切

如果你仔細聆聽自己的思緒,很快就會注意到自己的腦海中持續出現評論自身體驗的對話。就好像你的腦袋裡長期住了一個體育評論員,對你的日常生活一舉一動進行描述與評論。這個賽事播報員負責向我們報告自己現在是成功還是失敗。他會提供統計數據和指標,讓我們知道現在所在的位置,是贏是輸,程度輕重。事實是,我們甚至對自己真正經歷過什麼事情無感,除非這個評論員傳達任何評估訊息給我們。

於是,我們永無止盡地描述、衡量、評估和評價所有發生在自己身上的事情。幾乎時時刻刻,不斷對一切體驗給予評價、再評價,判斷它有多好、有多壞,反覆咀嚼自己剛剛的想法,並對那個想法品頭論足。我們的每個想法又衍生出一個又一個想法,直

到某個感官輸入一些新東西打斷這些想法,但不久又會開始整個過程。

例如,在我們步出公寓後,注意到鄰居開著她的新車呼嘯而過。幾乎立馬我們就會聯想到,自己早該換一台新車了。接著,一大堆關於如何買這台新車的想法、畫面與計畫,不費吹灰之力地出現在我們大腦中:「嗯,公司應該給我加薪,那是我應得的!但他們才不會這樣做。也許我該換工作了,找個更重視我的老闆。我早該認清事實了,這份工作不僅沒有前途,我也永遠不會獲得該有的報酬。嘿!接受新挑戰也不錯,而且我早就受不了我的同事了。」

接著,我們腦海裡開始想著自己最近如何被這些慣老闆剝削,甚至想到這份工作的前景。這時眼前颳起一陣風。我們心想:「喔,天啊!好冷喔!在我去上那個鬼班前,最好穿件毛衣再去。咦,奇怪,我那件藍色毛衣跑哪裡去了,已經從洗衣店拿回來了嗎?老公是不是又忘記去拿送洗的衣服回來。真煩!他每次都忘記答應要做到的事,每次都要我提醒。這點真的讓我很不爽。很煩,也許我們該好好談一談了。」就這樣,種種思緒陷入無限循環,但這一切都只發生在走到街邊再轉身回家的這段時間裡。

我們習慣不斷地衡量、反覆思考自身的體驗。結果如果順心,便會立即思考著如何延續這份表面的美好。但正如本章前面所說的,在那份攀緣快樂的期望裡,就隱藏了一股對整體的不滿足。為什麼會這樣呢?因為我們不由自主地對將來可能發生的改變及

損失,產生微細的預期或擔憂。

同理,如果我們不喜歡眼前處境,也會立即思考要如何擺脫它。因此,我們不僅會因為不快樂的經驗感到不快,還會擔心或在意自己得要一直忍受這個經驗,直到無法忍受為止。

> 我的人生經歷了許多苦難,
> 有些真的發生了。
> ——馬克・吐溫

如果我們在路上看到有些人自言自語,通常我們多少會覺得這個人有些奇怪,認為他可能腦袋不太正常。但如果誠實面對自己的話,不難發現多數時間,我們自己也是將全部心思投入毫無間斷、默不出聲的內心戲當中。如果把那些內容大聲說出來的話,旁人聽見了肯定也會質疑我們的心智,原因不在於我們行為不正常,而是這些內心戲聽起來非常無聊、枝微末節而且自戀。

當然,有時我們思考的是重要內容,例如極待解決的問題、需要按部就班的計畫、優先處理的工作——但我們總是習慣評估自己的體驗,分辨喜歡或不喜歡、需要增加或避免的事情,這些想法不僅耗費許多時間,也經常讓情況一發不可收拾。我們經常這樣,但這些想法絕大多數都是沒有用的。

一些零碎時間,像是在等朋友吃午餐的空檔,我們常常也不會用來解決重要問題或做出有意義的人生抉擇。想想看,如果能

在這時候，單純讓身心安定在當下，或者做一些有意義的心神漫遊[6]，不僅能體會更多快樂，也不會讓自己那麼累！

很多人都有過這樣的經驗：如果能將身心專注於當下的話，會發現自己突然遠離那些不斷針對經驗進行批判、比較與評估的一般常態。

這種全然處在當下的感受，可見於進行強度體能運動或遊戲過程中。例如，我們有一個朋友，他很喜歡玩風箏衝浪。這項運動相當危險，所以他得全神貫注眼前正在做的事。他說每當自己處在這種專注狀態時，平常腦子裡那些絮絮叨叨都會暫時消失，他發現自己全然沉浸於當下每個流動的時刻。

前面提到基林沃斯和吉伯特的研究發現，人們在做愛時比在做高危險的事情時，更能專注在當下。多有趣的發現啊！但實際上，這種專注根本不需要做危險的事情，也不需要性愛就能做到。有些研究發現當人們全神貫注於體能運動、寫程式、演奏即興音樂，甚至打電玩的時候，也能產生全然處於當下的感受。事後當他們描述那些經驗時，都會提到自己完全沉浸在過程之中，擺脫

---

[6] 有越來越多科學實驗證明，心神漫遊有助於某些類型的創意性解決問題方式。例如，B. Baird、J. Smallwood、M. D. Mrazek、J. W. Kam、M. S. Franklin、J. W. Schooler所寫的〈不專心的靈感：心神漫遊有助於孕育創意〉，《心理科學》（*Psychological Science*），第23期，頁1117-1122，2012年。有些研究認為，刻意讓心神漫遊比習慣性走神更加有益，參考：P. Seli、J. S. A. Carriere、D. Smilek〈並非所有心神漫遊都是一樣的：區分刻意神遊與不由自主地分心〉，《心理研究》（*Psychological Research*）第79期，頁750-758，2015年。

了平常腦袋裡充斥的雜亂念頭與想法[7]。

這些活動有什麼共通點呢？共通點就是，在那些活動裡，我們保持全神貫注於當下，使得對感受、體驗不斷衡量與評價的習氣被打斷或擱置了。如果事情這麼簡單，那麼我們只要在做愛時、即興創作音樂時，或者兩眼盯著電腦螢幕，苦思程式編寫時，讓自己全心全意投入不就好了嗎？

然而這樣的話，我們還會面臨另外一個問題——問題還挺大的。因為這表示我們還是把快樂這件事與某個特定（並且經常在改變的）外在情境掛鉤，而我們對這些情境一點掌控力都沒有；我們注定是一直在變動中情境的受害者。

> 何必擔憂？
> 如果可行，那就去做。
> 如果不行，擔憂何用？
> ——寂天菩薩

駛離快車道

當事情不按照我們所預期的發展時的當下，若是可以做一些事，那就去做，不要浪費時間在擔心萬一不成功怎麼辦。如果無能為力，空擔心不是只會讓情況變得更糟嗎？又或者，如果事情進展

---

7 M. Csikszentmihályi〈心流體驗及其對人類心理學的意義〉，《最佳體驗：意識流的心理學研究》，頁15-35。（劍橋：劍橋大學出版社，1988年）

順利，何不全心全意享受當下的美好？應該享受當下，而不是一直分心於該如何延續、保持這份美好，或者遺憾美好時光很快就會消逝。

我們的注意力若是越能放在當下，而非想著未來會如何、之前又如何，就越能享受生活中的美妙時刻。此外，如果我們越能專注於當下所發生的事情，就越能減少過分解讀事實，也不會讓自己輕易被困境給擊垮。

為了找到真正、徹底的快樂，我們需要一些方法來幫助自己建立知足與人生意義，不論事情順利與否。但只要我們還依賴外在條件來尋求快樂，就會浪費過多精力在尋樂避苦上。

與其被困在這個不是上就是下的蹺蹺板，我們可以透過學習將注意力放在某個地方，讓自己從升騰跌宕的希望與恐懼中解脫出來；與其讓自己被念頭帶著跑，追逐一個又一個念頭，我們可以試著訓練自己的注意力，讓它越來越能保持在當下。

這樣一來，當美好的事情發生時，就更能充分享受；不幸的事情發生時，也能從容以待。那麼要怎麼做呢？第一步是學習對我們的注意力進行微小但深遠的改變，對那個總是喜歡評比的心有更好的掌控力。這是體驗快樂的第一步，最佳實現之道就是禪修。本書所介紹的禪修方法已被傳授、修持與驗證了數千年之久。其中包含專注力的練習，教導我們讓心遠離總是被念頭牽著走的習慣，並回到當下的最佳方法。

還記得那個獅子與狗的例子嗎？「行為像狗」的意思是，就像狗一樣去追逐拋出去的石頭，我們的心迷失在念頭中，追隨一個又一個川流不息的念頭。「行為像獅子」的意思是注意力不是追著石頭跑，而是去看誰丟出了石頭——是心，心拋出了念頭。透過了解心，我們學習如何掌控它。那麼不論發生了什麼事，你都能有一股悠悠的安然感。

所以，現在讓我們暫時駛離快車道，好嗎？

第三章
擁有快樂的基石
了解你的心

當我們的心緊繃時，
任何生起的念頭都會占主導地位。
當我們的心寬敞、開放時，
沒有任何念頭能完全主宰我們。

有多少次你很喜歡一部電影，你的朋友卻很討厭它，然而其實電影本身既非精彩絕倫也非慘不忍睹？當然，多數人對電影品質有一定的共識，但是最終電影好看與否，取決個別觀眾的想法。

不只電影如此，所有事情都是如此：任何體驗的最後仲裁者，無論歡喜或悲傷、好玩或無聊、好或壞的主體——是我們的心。

.... 艾瑞克·所羅門 ....

交通順暢的時候，從我家開車沿著舊金山灣到矽谷山景城上班，大約只要45分鐘。

但順暢的日子不多。

有些時候，我會搭朋友的便車上班。記得有一次，我的朋友一邊開車，一邊興奮地跟我說他最近正在寫的新程式。突然間，有人蛇行穿過重重車陣，硬切到了我們前面，距離近到讓人非常不舒服。

我的朋友只是輕輕踩了煞車，當我正想開口跟他同聲出氣，罵那個駕駛真是王八蛋時，他似乎完全沒注意到眼前有任何異樣，繼續開著車，興奮地說著他正在研究的那個很酷的新演算法。

眼前發生的事情是相同的：有人突然切進我們車子前面──但體驗卻因人而截然不同。我非常火大，但我的朋友卻毫不在意，他只是用腳輕踩了煞車。

他完全不知道，當我看見他不受影響時的反應，我為自己的開車行為感到難堪。我的火大不能改變現狀，也不能終止惡劣的駕駛行為。事實上，我的反應只是把我變成另一個混蛋而已。

⋯⋯⋯⋯⋯⋯⋯⋯⋯⋯⋯⋯⋯⋯⋯⋯⋯⋯⋯⋯⋯⋯⋯⋯⋯⋯⋯⋯⋯⋯⋯⋯

雖然說，是外在環境、條件造就了我們的經驗，但卻是「心」決定這個經驗的質感，進而影響整體的安適。

既然是「心」主宰我們看待經驗的角度，那麼想要體驗基本快樂感，就要從心下手，因為心是一切經驗的最終形塑者。然而，為了從心下手，必須先了解心是怎麼運作的。

訓練 1

了解你的心

※

觀察你的心,好好了解心是如何運作的。

- 舒服地坐著,不要刻意去想任何東西,就只是看著念頭在心裡生起、消失,不要追隨念頭,就只是觀看著。
- 花一點時間單純觀看念頭生起。
- 注意那些以「我喜歡」、「我不喜歡」開始的念頭,並注意那些跟在這些評語後面的念頭。

這個訓練的目標是讓自己習慣去注意以「我喜歡」和「我不喜歡」開始的念頭。你可以在日常生活中任何情境進行這個練習。觀看整個念頭運作的過程,是如何把你從當下時刻帶走的。

野性不羈、飄忽不定的心

當我們試著練習上述方法時,許多人會訝異自己對心的掌控力原來這麼小。通常情況是,我們會被瀑布般接連不斷的念頭所淹沒,很難注意到自己念頭的生滅過程,而不迷失在念頭中。「迷失」是什麼意思?意思是我們沒有單純觀看念頭,而是一股腦栽進念頭串裡,完全忘記要單純觀看就好。

即使僅是要觀看念頭就好，我們也是幾乎立刻就分心了，這不正說明了心有多難馴服嗎？當一個念頭在心中生起，接著便不斷繞著那個念頭左思右想，然後又對後面接續的每個念頭不斷糾纏，直到過了一陣子，才發現自己的思緒早已不知飛到哪裡去。

為了獲得徹底快樂，首先要對這個野性、飄忽的心獲得一些掌控能力，以便能把注意力帶回當下。既然心是自己的，難道我們不能控制它嗎？能控制自己的心時，就可以自主決定要不要心散亂。我們有能力放下追隨念頭與情緒、喜歡與不喜歡的習慣，讓自己完全投入於當下的本貌。既然我們就是那個讓自己養成追隨念頭、情緒習慣的人，那麼我們自然也可以讓自己養成讓心住於當下的習慣，不受想法、情緒干擾。

創造開闊感

白天裡，我們的腦子裡有很多一閃而逝的念頭，例如：心裡想著要怎麼跟每天早上咖啡店裡遇到的那個很帥、很美的新面孔搭訕，要怎麼獲得升官加薪的機會，要怎麼跟難相處、討人厭的同事工作，晚上聚餐要吃什麼，什麼時候可以休假等等。這些都還可能只是起床後到吃早餐前這段時間的念頭！類似的清單也許會很長，長到用一整天時間來處理心念的一小部分，都還不夠。

有時候，我們的心很容易被眼前的每個問題所俘虜，使眼界也跟著縮小。突然間，我們發現自己陷入一個問題重重、解決可能性又很低的困境中。我們的心一遍又一遍地反覆思索眼前困

境，苦無任何解決對策。類似的擔憂一再浮現腦海中，折磨我們，把我們一步步帶離當下越來越遠，也一步步離長久的滿足越來越遠。

你或許會在「訓練一」當中體驗到，要保持在當下並觀看自心真的很難。我們的心習慣於四處飄盪，這個習性如此根深蒂固，以至於幾乎是在練習的當下就立刻被妄念帶走，而不是觀看著妄念。學習如何全然處於當下之前，需要先學習如何中斷這個總是被念頭帶著跑的習氣。如果能夠削弱這個習氣，那麼即使是一點點，你也將開始了解你的心是怎樣的，而不再無助地禁錮於連綿不絕的念頭串中，追逐著一個接著一個的念頭。

帕秋仁波切

　　幾年前，當我到英國進行年度教學時，有人從我尼泊爾的家打電話給我，說我的一些學生們發生爭執，給自己和周遭人帶來很多問題。聽到這個消息，真的讓我很惱火，並且越想越生氣。我不斷想著：「為什麼老是這樣？他們為什麼要這樣？我現在人在地球另一端，要怎麼處理問題？現在到底要怎麼辦？」我就這樣反覆想著。諷刺的是，當時我坐在車子裡，腦子裡不斷生起這些念頭，但待會我卻是要進行一場名為「快樂之鑰」的公開演講。想到這點，我對自己更加不悅了，心想：「這真是笑話！我連自己都不快樂，要如何教別人快樂？」

　　於是我暫停思考，轉頭凝視車窗外掠過的風景。幸好我們的車子當時馳騁在開闊的鄉間，天氣晴朗，一望無際的藍天高掛在我們頭頂上。距離會場還有20分鐘車程，於是我凝視著窗外風景，讓心與寬闊

的天空融為一體。受到寬廣、美麗的天空所鼓舞，我閉上眼睛，想像自己被虛空包圍。不到幾分鐘，我感覺到如釋重負。煩躁與緊繃消失了，取而代之的是一股開闊、自在的感受，原本困擾我的問題似乎變小了，感覺不再那麼嚴重。事實上，我也馬上隨手記下了幾個能解決學生之間誤解的方法。

....

當我們的心緊繃時，任何生起的念頭都會占主導地位。當我們的心寬敞、開放時，沒有任何念頭能完全主宰我們。這就好像一個十平方英尺的小房間跟一個一百平方英尺大房間的差別。不論你在小房間裡放了什麼東西，它都會立刻定義那個空間。

比如，你在裡面放了一張書桌，那個空間就變成辦公室；如果是一張床，就變成了臥室；放個爐子，就變成廚房。反之，在大房間裡，你可以放很多東西，但每個東西都不能定義那個房間。因此，當我們在心裡創造開闊感時，念頭與情緒仍然可以出現，但已不再能定義我們的心。

「創造開闊感」練習是處理壓力與放掉念頭的最佳方法。它可以釋放身心的緊張與不安。「創造開闊感」非常簡單，可以幫助中斷自心習慣與念頭、情緒糾纏的習氣，也是本書後面介紹的各種訓練方法的基礎。學習為我們的心與生活創造開闊感真的非常重要。

何不現在就嘗試看看呢？以下的訓練，不需要花很多時間，五分鐘就行，十分鐘更好！

訓練 2
創造開闊感

※

- 舒服地坐著,閉上眼睛。
- 想像自己被無邊無際、晴朗的藍天所包圍。天空裡沒有一絲雲朵,寬敞開闊、明亮清朗,散發著碧藍的天空色。這個虛空完全將你包圍,且不斷向上、向下等四面八方延伸,中間沒有任何牆壁、界線或建築物,不論什麼方向都空無一物。
- 持續將你的心安住在此無邊無際的天空中,盡其所能地以內在眼睛感受這生動、鮮明的開闊感。
- 如果你的思緒開始跑到工作等需要解決的事情上時,這是很正常的。只要輕輕地再把注意力帶回想像無邊際的虛空。
- 在創造出鮮明、清朗的天空後,花一點時間欣賞你所想像出來的開闊感。欣賞它的美麗,感受包圍你的虛空是如此寬廣、遼闊、清明無染。你不需要提醒自己一直這麼做,只要稍微感受一下身處遼闊天空是什麼樣的感覺。
- 讓自己身、心與內外都充滿這開闊感。
- 在這種感覺裡休息一會兒。
- 慢慢睜開你的眼睛,重新適應周遭環境。

感覺如何?試著下週每天至少花五分鐘進行這個訓練,然後再進行下一個訓練。

在你學習讓心完全住於當下與無散亂的過程中，或許很難不被念頭或情緒帶走。尤其是當生活面臨許多壓力或緊張時，更是困難。況且當今社會環境，誰不是這樣散亂呢？透過練習創造開闊感，讓自己的注意力暫時離開念頭與情緒反應的習氣中；透過提升想像力，為自己營造一個強而有力的心理與情緒環境，讓騷動的念頭與情緒即使出來，也沒有辦法干擾你。

我們多數人都過著極為繁忙的生活，在長時間工作和各種個人責任間，鮮少有開闊無拘的感受。因此我們才會建議大家練習創造開闊感，讓自己能習慣這個寬闊、無拘無束的感受，讓這樣的感覺不論是在座上禪修或日常生活中都能出現。但為了避免讓自己過度走神，請對想像出來的開闊感保持正念，並運用覺知來保持正念。不要迷失在虛空中，單純意識到那份開闊感就好。

開闊感不等於抽離

在練習創造開闊感時，經常會以為這個練習的重點在於與問題保持距離。不是這樣的。「創造距離」通常代表著逃避問題，或者把那些讓自己感到不舒服的事情推開。創造開闊感，則是稍微減緩或中斷我們面對問題的習慣反應。

覺得壓力很大時，通常意味著生活缺乏足夠的空間。這時我們通常會感受到一種被束縛或困住的感覺。心理上，我們可能感到很焦慮，以至於衍生出很多諸如胸悶、呼吸急促等生理反應。這時候，人們通常會用大嘆一口氣來試圖釋放緊張的情緒。這種緊

繃、壓迫的感受對生活沒有什麼正面作用，還有可能造成目光短淺、封閉、思想僵化的態度，因為我們被自己的習慣與負面情緒所控制。練習創造開闊感時，開闊感本身變成了心的焦點，令身心的緊張感自然而然釋放了。開闊感讓我們的心有空間見到更多可能性，在行動時能更冷靜與深思熟慮，最終做出更明智的決定。

透過創造開闊感的練習，我們開始體驗到遠離自己的慣性反應，體驗真正的自由。我們可以好整以暇地看待問題，毋須被希望與恐懼的習氣帶著跑；也不需要排斥問題，將它們推開，或是在其中掙扎。不需要針對每個問題都死纏爛打，用緊張與情緒化的反應跟它拚搏。相反的，保持一顆開闊的心，觀察那些問題，學會運用自心那開闊、平靜的力量與智慧去解決問題。

有趣的是，歷史上許多偉大思想家的重要洞見，也都是在放鬆時出現的。阿基米德暫停苦思，到浴盆泡澡時，想到了如何判斷國王是否被欺騙的辦法。牛頓坐在蘋果樹下「沉思」，一顆蘋果掉下來，讓他悟出萬有引力這個大洞見。讓尼爾・波耳獲得諾貝爾獎的發明，也是在他快要睡著前突然想到的。保羅・麥卡尼在剛起床時，創作了歷史上被翻唱最多次的 Yesterday（〈昨日〉）。

類似的例子不勝枚舉。毫無疑問的，這些靈光乍現是長期專注與思考累積而成的，但結果卻只會出現在當你的心處於放鬆的時刻。

花一點時間反思你的生活，當你感到無比焦慮與擔憂時，會做出

比較好的決定,還是感覺很平靜、寬廣的時候?你那些最棒、最有創意、最有成效的點子是在你感到放鬆與自在時產生的,還是在感到煩躁、憂慮時產生的?

因此,在心中創造一些開闊感真的是很棒的。透過讓你的心平靜下來,即使只是一點點,也能發現到更多空間,不僅在你心中,也在你的生活中,讓你有更多空間去思考真正需要思考的事情。所以,不妨現在就每天花一點時間為自己創造一些開闊感吧!感受你的心終於能擺脫不斷與念頭、情緒糾纏的混亂狀態。

第一部

基本快樂

掌握你的念

逐漸調伏躁動的猴子心,讓心變得更柔軟堪用,
負面想法與情緒的影響就會越來越小。
這就是禪修的真正效果:掌控自心。
禪修使心變得越來越有韌性,
不再受慣性反應所左右,
注意力能夠集中在想要專注之處,
不再像風中樹葉一樣,被念頭或情緒吹得東飄西盪。

通往基本快樂的鑰匙，是讓心習慣於完全住於當下、本來的樣子。只要我們越能讓心住於當下，與念頭糾葛的積習，就會越減少宰制我們的力量。

通往基本快樂的三把鑰匙：

1 總以相同方式對應念頭

禪修練習是一個卓有成效的方法，能幫助我們越來越熟悉如何讓心住於當下。禪修時，學習用同樣的方法對應心裡生起的每一個念頭──不論什麼樣的感覺、念頭或情緒生起，都不追隨。不去想它們，把心定錨在當下，完全處在當下那個時刻。

2 放輕鬆！別再比較

總是不由自主地評比每個經驗的習慣，不僅容易讓我們散亂，也讓我們很難盡情享受生活中最簡單的美好。更糟的是，那些評比的念頭還會增長、彼此強化，變成奪走知足的頭號小偷──不斷拿自己與他人以及他人的際遇相比較。透過學習接受自己的一切缺點，放鬆自己，停止比較並欣賞自己所擁有的。

3 心住當下

透過禪修訓練，我們學習到如何把注意力轉向當下。回到日常生活中，也要能夠把覺知帶回當下。如此一來，當事情順心如意時，就能放下過往總是盤算如何維持這份美好的想法，只是享受當下時刻。當不幸事件來臨時，也不會完全失去控制、沮喪萬分。禪修訓練的重點在於，讓自己熟悉心維持在無散亂的狀態，在做任何事的時候都能讓心住於當下。

第四章
做猴子的老闆,別跟它糾纏

> 我們不須要跟猴子一般、永不停歇的心對抗,
> 也不必被它帶著跑,而完全落入妄念之中。
> 那麼,就讓我們來做個好主人,
> 給猴子心一點事情做——禪修吧!

在日常生活中,我們總是會回應念頭。比如喜歡某個東西,就會想要擁有它或延長擁有它的時間;不喜歡什麼東西,就煩惱著要怎麼逃避它、擺脫它。幾乎我們腦海裡出現的每一個想法都會被特別關注,為它特製一個反應。在禪修訓練中,相反的,我們學習總是用同樣的方式面對念頭,不去思考它,也不讓一連串的念頭把我們帶到各種方向,學習將注意力安住在當下。一開始我們需要透過禪修訓練來習慣全神貫注於當下,但經過一段時日,就能做到在任何情況,都能讓注意力保持在當下。

透過禪修練習,我們訓練將注意力維持在任何所專注的地方。為了能體驗基本快樂感,我們希望能做到把心放在當下,而不是習慣性地追隨一個又一個的念頭。

專注於呼吸

練習創造開闊感,是感受基本快樂的第一步。在創造開闊感時,我們會體驗到原本心裡頭充斥的緊張、不斷思前顧後、反覆擔憂的感覺暫時中斷了。這些感覺或許仍潛伏在心中,卻不再擁有能主導我們感受的力量。創造開闊感能讓我們嚐到心自然處於平和、穩定的狀態,這是一旦念頭、情緒失去將心帶離當下的力量時,就會顯露的狀態。試想一下,如果能做到不論任何情況,都能擁有這份恬靜,不是很好嗎?

創造開闊感練習需要特定時間練習,因為要在繁忙的日常生活中想像開闊空間,會有一點難度。以下所列的禪修練習設計,在於幫助我們漸進地熟悉如何「住於當下」,以便讓我們在任何情況下都能做到。

透過專注於呼吸來練習禪修,能幫助我們把心拉回當下。並且,不像創造開闊感練習那樣必須找特定時間練習,專注呼吸只需稍加練習,便能在各種情境下運用。

禪修可以這麼簡單、容易。試著每天花十分鐘練習專注呼吸。在練習前,最好花幾分鐘進行創造開闊感。尤其是當你腦袋裡有很多東西,生活壓力很大時,開闊感練習會很有幫助。在你練習專注呼吸時,不需要去分析或責備自己怎麼分心了。相反的,在發現自己分心的當下,只要把注意力再帶回呼吸就好。禪修沒有好壞之分,不需要耗費心力去批判自己的禪修品質。你所要做的就只是去注意專注力有沒有放在呼吸上。

訓練 3

專注呼吸

※

- 舒服地坐在椅子或坐墊上,背脊挺直。
- 先透過創造開闊感來讓心保持安定。放輕鬆,體驗虛空開闊的感受,然後張開眼睛。
- 保持雙眼張開,輕鬆、自然凝視眼前虛空,不需要刻意專注或定在某個所緣境上。
- 現在,緩緩地將你的注意力轉移到呼吸的律動上。
- 呼氣時,單純覺知你正在呼出;吸氣時,單純覺知你正在吸入。將注意力輕輕放在呼吸上,不需緊緊地盯著或太費勁,就像平常拿起水杯或筆那樣的力道就好。
- 把你的覺知向一切事物打開,但注意力輕輕放在呼吸上。一旦發現自己的注意力跑掉了,就再輕輕地回到呼吸上。不論腦海中生起什麼念頭或情緒,都不要管它,只要把注意力放回呼吸上。
- 身體不動,嘴巴不動,不出聲,意念輕輕地跟隨每一個吸氣與呼氣。讓念頭、情緒自然生起,不需要去阻擋它。只要保持注意著呼吸。念頭來了,注意呼吸;念頭走了,讓你的心輕輕地安住在呼吸上。讓心處在當下、覺知著,穩穩地注意呼吸。
- 過一段時間後,你可能會發現自己被念頭帶走了,完全忘了呼吸。一旦你發現這樣的狀況,就在那一刻,輕輕地將注意力再次放回呼吸上。

為什麼禪修有效？給心有事做

在藏語中，禪修這個字是「鞏」（ཨོམ）。「鞏」的字面含意是「熟練」或「習慣」。透過本書所解說的禪修練習，你會更加習慣讓心住於當下，不受心裡生起的任何念頭、情緒干擾。

那麼你現在知道了，禪修是了解自心如何運作的過程，並訓練注意力安住在我們想要它安住的地方。雖然如此，你可能會問：為什麼要訓練自己的心？難道不能直接跟自己講要保持專注就好了嗎？

如果可以這樣就好了！但我們的心通常像一隻興奮的猴子，從一個地方跳到另一個地方去。的確如此，我們的心現在想著這件事，沒一會兒馬上就跳到另一件事上。打坐時，原本還可以保持在當下，專注呼吸，但是沒一會兒便沉浸在白日夢當中，腦海裡充斥著各種想法。一開始我們還看著呼吸，很快便來到一座小島，在沙灘上喝著加勒比海的鳳梨蘭姆酒，下一秒又開始在想要存多少錢才能去那裡度假。沒多久，幾分鐘過去了，我們才意識到自己完全忘了要專注呼吸。猴子般的心，一下子跳到這裡，一下子那裡，幾乎沒有停過。

我們的絕大多數行為都是心念的結果。猴子心總是在跟我們講話，指揮東、指揮西，我們根本不知道要怎麼引導它。或許你自認為多少能夠掌控自心，但只消幾分鐘在蒲團上打坐，就不難發現自己的掌控力真的很小。

當猴子心告訴我們一些東西時，通常我們會有兩種反應：一種是

尾隨，另一種是與之對抗並想辦法推開它。如果心說了一些很美好的東西，讓人很渴望，我們就會跟著心走。如果心說伴侶身上的衣服很好笑，但我們不想講出來，就會把這個念頭趕走。

有些人以為禪修就是坐在那裡，把腦袋裡的念頭跟情緒都清空，跟自己的心抗爭，想著：「我要禪修，必需保持寧靜的心，沒有任何情緒，集中注意力！」也有人用飄飄然的方式來禪修，認為禪修就是寧靜、寬廣，並要到達某種特殊的意識層次。這樣的人試圖培養的是一種特定心境。

禪修既不是要培養某種心境，也不是要拒絕所有情緒，而是要學習面對心裡生起的任何東西而住於當下。但是，在剛開始時，我們必須知道如何安定自心，讓它不要被念頭帶著跑或被淹沒。因此才建議開始禪修時，先進行創造開闊感練習，以便讓心能先安定下來。到最後熟悉要領後，甚至還能夠用變化萬千的念頭作為禪修所緣，這真是釜底抽薪，從根本解決問題，對吧？但在那之前，必須先學會讓心安定下來，一旦心能夠靜下來，就不必緊緊盯著禪修所緣，也不必刻意營造禪悅體驗。

如果太過緊繃，會讓感官受阻，這樣的體驗可能頗令人疲累。但如果我們太過敞開、放鬆，感覺或許很好，卻會讓人貪著於創造那樣的覺受，而這正是所有問題的根源。不論是喜歡控制，還是喜歡創造開放的愉悅感，都代表我們對情境有著莫名的擔憂，即使這些情境都還只是腦海中的想像而已。

我們的心，天生就是開放的，不需要特地去打開它。如果心不是

開放的,就無法顯現任何東西。任何東西都可以在我們心中顯現,要不然哪裡有別的方式可以知道這個世界?因此,不需要阻擋或培養任何東西,只需要習慣於保持在當下——保持覺知——而不被任何所見、所聽、所觸、所想及諸多情緒分心。

想像一下你要主辦一個派對。如果是很有經驗的主人,遇到一個很棘手、吵鬧的客人時,主人不會立刻跟那位賓客吵架,想辦法把他趕出去。這樣的紛爭會立刻毀了每個人的夜晚。相反的,你會去跟這位賓客寒暄,恭維他幾句,找出共同點,給他一些他喜歡的事情做;或許你會請他喝一杯他最喜歡的飲料(除非他已經喝太多了),送上一盤豐盛美味的食物,或是請他舒舒服服坐下來休息。一旦這位賓客放鬆下來,他就會變得更好相處,比較能聽取建議。

我們不需要跟猴子一般、永不停歇的心對抗,也不必被它帶著跑,而完全落入妄念之中。猴子心需要一點事情做,不然會製造各種問題。那麼,就讓我們來當個好主人,給猴子心一點事情做吧!

首先要跟猴子心講,注意呼吸的進出,一開始它認真做了一會兒,但沒過多久,猴子心便開始想:「嗯,鳳梨蘭姆酒真好喝!」然後,我們便開始散亂了。但不必生氣或固執,不要把自己變成一個嚴格的訓導主任。我們只要溫柔地提醒猴子心:「嘿!你的工作是要注意呼吸。」

用這樣的方法,就能逐漸調伏躁動的猴子心。心將會變得更柔軟、可以調整,負面想法與情緒的影響越來越小。這就是禪修

的真正效果：掌控自心。心變得安定，或許是禪修所帶來的良性副作用，但真正效用在於使心變得越來越有韌性，越來越不受慣性反應所左右，能夠將注意力集中在想要專注的地方，即使念頭或情緒生起也不受干擾。有必要的話，我們也可以選擇追隨它們，只不過我們不再像風中樹葉一樣，被每個念頭或情緒吹得東飄西盪。

> 別找事做，坐下來！
> ——希薇亞・布爾斯坦（Sylvia Boorstein）

有所緣禪修

當你開始練習禪修時，正如我們前面示範的，此練習的紀律是把你的注意力定在某個所緣上，然後保持下去。如果中間分心了，就只要再把心帶回那個所緣。舉猴子心為例，給猴子心一個工作，讓它對禪修的所緣保持專注。透過這樣，猴子般的心念就不會四處飄蕩。這代表你能夠中斷追隨腦海出現的每個念頭與情緒的習慣。你所要做的就只是，不論什麼想法或情緒出現，都以同樣方式對應：只是把注意力帶回禪修所緣上。

你可能會想問，什麼是「所緣」？到目前為止，我們介紹了兩種所緣：呼吸與開闊感。在開闊感的例子裡，我們用自己的心創造了無限寬廣的天空，並把注意力專注在開闊感上。但任何東西都可以作為所緣，例如：景象、聲音、感受，甚至念頭。

透過一次又一次地把注意力帶回到所緣上，使猴子心漸漸安定下

來，越來越能安定地住於當下，不被腦海中任何閃過的念頭、情緒分心。這是「有所緣禪修」要達成的目標：完全住於當下。這也是我們所說的「無散亂」的意思。

無所緣禪修

當你越來越熟悉沒有散亂的狀態時，你會發現自己可以不依靠所緣而禪修。到最後，沒有散亂本身變成你禪修時的唯一所緣，這就叫做「無所緣禪修」。

為了理解如何不依靠任何所緣而禪修，就要先了解「沒有散亂」是什麼意思。首先很重要的是要知道，這個狀態是沒辦法經由培養或創造出來的，它是心的自然本質。通常我們不會注意到這個狀態，因為平常它都被念頭跟情緒所遮蔽。換句話說，當我們不讓自己的注意力被一連串念頭帶著走時，沒有散亂的狀態就會出現。意思是，當安住在自心本覺的狀態時，我們的心將遠離念頭、情緒叢生的紛擾。

這份「覺知」是自明的，不需要刻意去覺知某個東西才會存在。心原本就是覺知的，但通常我們卻被所覺的東西分散注意力，並開始想著　連串無止盡的念頭。「覺」不需要那些東西，才能夠覺。如果你的心跟隨念頭、情緒跑，不由自主想著那些念頭、情緒，這種情況就叫做「散亂」。但是，如果安住在「覺」本身，就叫做「沒有散亂」。沒有散亂不是內心一片空白，我們照常可以覺知周遭一切，但「無散亂的心」不需要依靠某個所緣才能覺知。

在進行有所緣禪修時，發現自己散亂、分心了，那個時候正是首次直接體驗到這種覺知的時候。知道自己散亂的那個當下，正是沒有任何念頭、情緒的覺知生起時。當然，那個時候，或許還會有「啊！我分心了」這樣的想法；但這想法只是念頭，不是覺知。換言之，不論有沒有這句話，我們都知道自己散亂了。如果那時候我們想：「啊！我分心了。」覺知會注意到這個念頭。然後，我們把注意力再帶回呼吸或任何所緣上時，就又回到了禪修。相反的，如果追著念頭跑，就是散亂。

通常我們都是心裡想著某個東西，心自然就攀附在那上面，然後不斷評估其中的感受、體驗並試圖抓住所喜愛的東西。當然，我們也可以試著避免這樣做，但矛盾的是，那也是一種攀緣。因此，在禪修中，我們利用心喜歡攀緣的習性，有技巧地使這個攀緣的習慣鬆緩下來。在這個練習中，只要簡單地利用一個所緣境來專注。正念練習利用猴子心喜歡攀緣的習慣，來讓攀緣自然鬆脫。

我們運用本然的覺知來確認自己是否處於正念。這樣做有兩個目的：

1. 讓喜歡攀緣的猴子心忙碌（忙於處在正念），因此猴子心沒辦法使我們散亂。
2. 這會讓我們漸漸熟悉覺知，越來越熟悉覺知，就越能進入無散亂的狀態。

放鬆的開闊感

剛剛談到了禪修時要注意的兩個要點：正念與覺知。現在談到禪修時要帶入的第三個要點——放鬆的開闊感。此刻我們可能透過創造開闊感的練習，對於放鬆的開闊感有了一點熟悉，這是任何禪修的重要一環。禪修時，如果心過於緊繃，就會變成過度在意所緣境，如此一來，你的禪修就會變成緊緊抓住所緣、成了避免忘記所緣的普通修持。

然而，當我們能帶入一種放鬆、開闊感的態度，就不必阻擋任何東西，也不必緊抓任何東西。讓覺知自然維持在正念上，也不把念頭或情緒趕走。就像有經驗的主人一樣，她會給難搞的客人一點空間能夠放鬆；我們給念頭、情緒一些空間，讓它們可以生起，然後自行消失。鬆鬆坦坦地將注意力帶回所緣上，讓其他東西自行解決時，念頭原本能令我們散亂的力量將自行消散。

有個著名故事講到，一位名叫「億耳」的比丘問佛陀，最佳禪修方法是什麼？億耳在未成為比丘前，是一名很會彈琴的琴師，於是佛陀問他，令樂器發出最好聽聲音的方法是什麼，佛陀問：「是琴弦調得非常緊的時候，還是非常鬆的時候？」億耳回答：「都不是，當琴弦既不鬆也不緊的時候，彈出來的聲音最好聽。」佛陀回道：「禪修時的心也是如此，既不能過度專注，也不能過於鬆散。」

同樣的，雖然說我們在禪修時，態度應該保持放鬆、寬坦，但也不能太過放鬆到變成心思一直在神遊，懈怠地追隨一個又一個

念頭。我們必需保持覺知,持續把注意力帶回所緣。然而,如果僵硬地要保持正念,阻擋心中生起任何東西,就永遠無法熟悉覺知,還是被執著於好、壞所緣的習慣,帶走我們的注意力。

在這章其餘部分,將探索有哪些種類的禪修所緣可以幫助自己把心帶回當下。所有感官都能使人分心,也可把我們帶回當下。越來越熟悉維持在沒有散亂的狀態時,就可以把方法擱置在一邊。那時便不再需要任何所緣,唯一的「所緣」是本覺自身。那時,我們能將心安住在自身的廣境、正念覺知上,遠離一切世俗念頭與情緒。我們將在本書末尾說明如何進行沒有所緣的禪修。

利用感官對境為禪修所緣

視覺:學習張開眼睛禪修

有些人想知道為什麼我們建議要張開雙眼禪修。人們剛開始學習禪修時,常說閉上眼睛比較容易專心。如果你在剛上座時需要閉上眼睛,這是沒有問題的,但學會睜開雙眼禪修,實際上相當重要。

透過禪修練習,我們學習到讓自己維持全然住在當下,不受念頭、情緒的干擾。對「沒有散亂」的狀態越來越熟悉時,在日常生活中就自然越能住於沒有散亂。因此下座後,不應把禪修中的覺知拋在腦後。如此才能對「沒有散亂」的狀態夠熟悉,以至於當我們在工作、做家事、做愛、跟朋友聚會,甚至是寫一本奇怪的書時都能保持這種狀態。

不論面對什麼念頭、情緒、景象、味道或聲音,都習慣於將心完全處於當下並保持覺知,這就是真正的禪修。把眼睛閉上禪修,很容易不經意地養成逃避或創造特定情境的習慣。到最後會變成一定要關閉視覺,才有辦法完全住於當下。事實上,視覺色相可以作為禪修所緣,可以利用它將自己帶回當下。

如果唯有閉上眼睛才能保持完全無散亂,那麼在日常活動時要怎麼辦?因此,我們要不就是得習慣睜眼禪修,要不就必須學會閉眼進行所有日常活動。請問哪一個比較難?

訓練 4
看著某個物體

※

- 以舒服的禪修坐姿進行。
- 先從創造開闊感開始。當你覺得自己的心比較安定時,輕輕地把眼睛睜開。
- 將目光凝視在一個物體上。讓自己的注意力集中在此物體上。
- 不需要集中於每個細節,只要將目光安住在整個形體上,也不要去思考它。
- 如果你發現自己的心思跑到別的地方去,開始心神漫遊時,只要輕柔地將注意力再帶回物體上。
- 整個禪修練習中,保持輕輕地將注意力安住在物體上。

在這個禪修練習中，要給自己一個視覺焦點，比如將目光停留在一個物體上；任何物體都行，不過通常令人心情愉悅的物體會比較有效，例如一根蠟燭、一朵鮮花或一張美麗風景照，也可以使用神聖物品如宗教畫像，來激勵我們打坐。

通常這個物體最好不要太過複雜或繁複。重點在於我們的注意力要集中，並把目光輕輕停留在物體上，而不是沉溺於思考那個物體。

就這麼簡單！如果你發現自己沒辦法打開雙眼禪修，可以試試這個方法，讓自己習慣：輕輕地將目光停留在一個物體上，例如鮮花或蠟燭。微微地將注意力放在物體上。如果你開始分心，就閉上眼睛一會兒，花一點時間觀看你的呼吸，之後，當你覺得可以重新開始時，就把眼睛打開，重新開始。

你可以用這個方法替代專注呼吸的練習，或者你可以花五分鐘先練習專注呼吸，然後再練習專注在有形物體上。又或者兩者顛倒也可以。最好是能在一開始先花幾分鐘練習創造開闊感。

聲音：運用會使人分心的來源作為禪修所依

帕秋仁波切

我十幾歲的時候，非常受不了家門外街道上傳來的刺耳噪音。加德滿都永遠充斥著蓋房子的金屬敲打聲、卡車經過時的轟隆聲和人聲鼎沸的吵雜聲，把我弄得很抓狂，讓我沒辦法靜下心來好好打坐。

於是我的老師建議我運用聲音作為禪修所緣。這樣做以後，情況

完全改觀了。幾年後，噪音幾乎不再困擾我。事實上，那個原本讓我很討厭的聲音，反而成為幫助我強化正念的東西。事到如今，任何巨大聲響都不會干擾我。

現在當我聽到相同喧囂的噪音時，我完全不會去思考它們，而是靜靜地繼續我的禪修。那些熙熙攘攘的噪音很自然地帶我進入禪修；而也是那些聲音提醒我要完全專注於當下。

人們總是抱怨周圍環境太吵雜，或是身體不舒服，所以無法禪修。我們很自然地認為景象、聲音、觸覺、氣味和滋味是使自己分心的來源，使我們無法專心禪修。然而，我們卻可以學習運用這些原本會讓人分心的東西，將之轉變為禪修的輔助工具。

訓練 5

運用聽覺

※

- 先進行幾分鐘的創造開闊感練習。
- 現在將注意力帶到聽覺上，將你的覺知集中在耳朵上。
- 單純覺知任何聽到的聲音。
- 注意聲音的出現與消失。
- 不要去想那是什麼聲音，也不要去想那個聲音悅不悅耳。
- 如果你發現自己的注意力跑掉了，開始胡思亂想，就輕輕地再把注意力帶回聽覺上。

任何五官感受都可以用來輔助禪修。例如，與其去評斷聲音是否討厭或愉悅，我們只是單純運用聽覺作為禪修所緣。注意：如果聲音過於刺耳，為了保護自己的聽力，可以考慮戴上耳塞或去別的地方禪修。

運用嗅覺與味覺

練習到這裡，你或許已經掌握了運用視覺、聽覺和觸覺等感官覺受來輔助禪修。因此，氣味就跟任何感官覺受一樣，也可以用來當作禪修的所緣。如果在你打坐的房間裡有一股強烈氣味飄進來，與其讓它變成分心來源，不如把注意力輕輕地放在那上面。

味覺，通常只有在我們吃東西、喝東西的時候才會成為主要感受。在進食時，透過輕輕將注意力放在味覺上，讓味覺幫助你專注於當下。不過，味覺禪修通常需要獨自進行，或是和你共修的人都一起練習正念進食，這樣會比較容易做到。

全身禪修：運用身體感受做為禪修所緣

到目前為止，已介紹了運用視覺和聽覺作為禪修所緣。現在，讓我們把感官覺受擴展到全身，讓身體的感覺成為禪修的注意焦點。

這個練習可以為將來面對禪修時會有的身體疼痛（例如背痛、膝蓋痛等）做好準備。對於工作需要耗費大量腦力的人，這個訓練也可以幫助你暫時放下腦力運作，讓自己重新與身體感受接上線。

艾瑞克・所羅門

過去我經常每天得花十幾個小時埋首於編寫電腦程式，有時到了晚上（甚至是凌晨），仍無法停止思考自己正在編寫的演算法。

雖然說每次當我放下一切苦思，好好休息時，經常可以想到很棒的解決方案。但有些時候，就是沒辦法完全放下，同樣的思緒不停在腦中盤旋。

有時候連創造開闊感，對我而言都太燒腦了，感覺我的腦袋完全打結了。但在學習將注意力集中在身體的感受後，我的心漸漸更能回到當下了。

當腦子裡妄念、情緒紛飛時，正念覺知不僅能幫助我們安住在當下；也能在身體的任何感受生起時，讓自己住於當下。例如：在打坐一段時間後，背部可能有輕微的疼痛。通常我們將疼痛視為一種會干擾禪修、讓人分心的討厭東西。但相反的，可以反過來運用這個不舒服的感受作為禪修所緣，將注意力安放在感受上面。

我們不只要關注心理的感受，身體的感受也是重要的。透過掃描身體，將注意力帶到身體上，能夠讓大腦暫時獲得休息。將注意力從頭頂開始，逐漸往下帶，好好感受身體的每個部位。

當然你也可以由下往上掃描你的身體。但是如果你的雜念叢生，腦子裡不停盤旋許多念頭，最好從頭部往下掃描。這樣做通常能讓心安定下來。

訓練 6

掃描身體

※

- 以舒適挺直的坐姿開始。
- 花幾分鐘創造開闊感。
- 一、兩分鐘後,輕輕地將注意力帶到頭頂。注意任何生起的感受。只要觀察就好,不要去想那個感受是否愉悅。
- 現在,將注意力慢慢往下帶到額頭,注意任何生起的感受;讓自己單純去覺知額頭的感受就好。只要注意到就好,然後便放下,繼續往下掃描。
- 用同樣的方式注意你的後腦勺,接著是臉部。
- 接著將注意力帶到頸部。
- 然後繼續帶到肩膀、上背部,然後是手臂跟雙手。
- 在掃描身體的時候,不論注意到什麼,安住在那裡一會兒後,便繼續往下。不要攀緣任何東西或刻意保持正念,僅是注意、放下、往前,漸漸地你會越來越能讓心回到當下。
- 緩慢地一一掃描你的身體。注意自己坐在蒲團上的感覺,肌肉有沒有緊繃、皮膚碰觸到衣服的感覺等。
- 最後,當你掃描到腳趾頭時,就放下練習,放鬆一會兒。你可以視情況,接續幾分鐘的專注呼吸禪修。

疼痛：運用身體不舒服與疼痛的感受

面對禪修過程中的疼痛不適、甚至是發癢的感覺，我們的反應通常有兩種：第一種反應是變換坐姿，碰觸身體發出感受的那個地方來緩解。另一種反應是忽略它，但不幸地是，這樣做通常反而會放大那個感受，使我們變得完全散亂，腦子裡完全被不舒服的念頭所佔據，這樣做只會讓疼痛或搔癢的感受變得難以忍受。

與其讓不舒服的感覺變成心念的焦點，不如讓它成為你禪修的所緣。與其忽略疼痛、癢、太冷或太熱的感覺，不如讓心去注意那些感受。

你可以利用覺受本身作為禪修的專注對象。這個修持能抵消平常我們總是想在外緣中尋找舒適與快樂的習性。與其試圖跟疼痛拚搏或以快樂取代它，不如改變自己一直想著疼痛卻讓它變得更痛的習性，單純看著不舒服的感覺——就像你在禪修時看著你的呼吸那樣。

這個修持的驚人效果是，我們不再把飢餓、背部刺痛或下巴搔癢的感受視為會讓禪修分心的東西。相反的，你知道如何利用那些感受，使你在禪修時讓心住於當下的覺知變得更加穩定。

請注意：如果你在禪修時感覺到劇烈疼痛，雖然你仍然可以運用此感受作為禪修所緣，但那也許是潛在身體疾病的前兆，或許也須要諮詢醫師。

訓練 7

運用不舒服的感受

※

- 禪修時身上如果產生了不舒服的感受，運用掃描身體技巧，先去觀察那個感受。
- 單純把你的注意力放在那個感受上，不要去想有關那個感覺的任何想法或判斷。
- 將覺知輕輕放在身體感受上，這樣做能讓你完全回到當下，維持在沒有任何散亂的禪修中。
- 如果你注意到自己分心，開始去思考疼痛等其他東西時，只要輕輕地把注意力再帶回感受上，安住在那裡即可。

如何選擇禪修方法

這個時候，決定該用哪個禪修方法可能會令人感到困惑。重點不在於要你在各種禪修方法間跳來跳去，而是希望你能根據情況選擇適合的禪修方法。

最好每座禪修都能以創造開闊感開始，幫助心先安定下來。接著進行專注呼吸或以視覺為所緣的禪修。如果你需要練習睜眼禪修，可以練習以視覺為所緣的禪修；又或者運用視覺圖像比較能激勵你禪修，也可以運用這個方法。專注呼吸禪修的好處在於，

妄念通常是隨著呼吸生滅，這個方法能防止我們輕易地被念頭帶走。以上這兩種方法都很適合個人基礎禪修練習。

練習這些基本禪修方法時，如果你發現自己不斷被揮之不去的感官感受干擾，例如房間外面的聲響或是身上被蟲咬的搔癢感，這時你可以把注意力轉移到那個感受上，停留在那上面一會兒。但是記住，不要在聽到一個聲音後，短暫專注在那上面，十秒後又轉而去注意背靠在椅墊上的感覺，接著又跳去聞老婆在廚房裡煮菜飄出來的氣味。如果心思像這樣四處遊走，就是在餵養你的散亂心，而不是讓心完全住於當下。

不論你選定哪個所緣作為禪修對境，就要持續使用同樣的所緣：把你的注意力安住在那個所緣上，停留在那裡，不管心裡生起什麼念頭、情緒或身體感受，都不要理會它們。不論心裡生起什麼念頭、情緒，你的反應都只有一個：輕輕地將注意力帶回到禪修所緣上。

第五章

放輕鬆！別再比較

如果你想獲得禪修的全部利益，
就要發願摒除所有的目的。
這樣的祈願最終會引領你來到真實的「無目的禪修」。

> 小豬皮傑發現自己的心雖然小小的，
> 卻也能裝下很多感激。
> ——艾倫・亞歷山大・米恩（A. A. Milne）

想像一下，現在的你是一名正在逃亡的青少年，你並沒有犯什麼罪，政府因為你的宗教信仰和種族迫害你。在吃盡苦頭、歷經終日擔憂害怕、挨餓受凍的日子後，你終於逃離了那樣的環境。

實在很難想像這樣的苦難，對嗎？

────────── 艾瑞克・所羅門 ──────────

我的外公、外婆很少提到他們來到美國前的生活。外公小的時候第一次逃亡是在白俄羅斯發生大屠殺時，那時他試圖逃到聖彼得堡，但最後沒有成功。這些故事要一直到他年老時，在我的一位表兄弟懇

求之下，他才娓娓道出那些年自己和家人所受的磨難。

我問外公為什麼過去從來不談這件事，他說，每個人的人生多少都會經歷困難，他不認為自己的過程有何特別之處。又說到，也是那些磨難給他機會來到美國，過上安全無虞、周圍有眾多家人親友圍繞的日子。

當他回想起自己童年和青少年時期所受的恐怖經歷時，雖然回憶裡有些痛苦，但也有滿滿的感恩；因為如果沒有早年那些經歷，他就不可能來到波士頓，認識外婆，擁有如此愜意的人生。事實上，正是那些苦過來的經歷，賦予了他勇氣和毅力去克服生活中一切突如其來的挑戰與挫折。

....

幸運的是，我們多數人這輩子應該都不會遭逢如此艱鉅、困難的處境。但這個故事點出了一個通往快樂的關鍵——與其目光著眼於自己所沒有的，不如專注在自己人生所受的福分上，即便那福分與所受的磨難相比，少得可憐。你有沒有發現，我們經常拿自己的生活與比自己幸運的人相比，义或者拿來跟自己所設定的理想版本相比？試問，這個習性曾為我們帶來喜悅嗎？當我們目光著眼於自己所缺少的，其自然衍生的結果不正是不滿足嗎？不論我們擁有多少都會覺得不夠，不是嗎？

總是無意識地評比自己的覺受、經驗，這樣的習慣會把我們的心帶離當下，使我們無法完全享受即便是最基本的愉悅感。更糟糕的是，那些念頭、想法還會往上疊加，彼此強化，迅速演變成世界上最大的「滿足感小偷」：拿自己跟他人或他人情況比較。即使不跟他人情況比較，也會拿目前的處境跟自己所設想的理想生

活比較。這一連串的比較下，導致了自我貶低的想法。這些想法是如此強烈，以至於我們在練習創造開闊感或專注呼吸時，也擺脫不掉。因此，我們要放下比較心，學習接受自己、接受自己所有的不完美，感激自己所擁有的。透過感恩與接受，我們能以健康的角度面對自己的缺憾，並改善自己的人生，而非貶低自己。

> 當我開始細數自己所受的福分時，
> 我的人生截然不同了。
> ──威利・納爾遜（Willie Nelson），《威利之道》（The Tao of Willie）

我們可以透過注意到當內心生起想要比較的念頭時，將其轉換為感恩的心情，藉此削弱喜歡比較的習慣。例如，當我們躺在沙灘上享受時光時，與其想著「太可惜了，這種好日子不多」，不如感恩自己此刻能擁有這樣的時光，是一件多美好的事。猜猜看，這樣的結果會如何？這會幫助我們回到當下，回到那基本快樂所在的地方。

這時候，如果你心想：「哈！又來了，文青卡片那一套！我應該要評估自己的人生，才知道哪裡需要成長啊！不滿現況是改進的機會所在，不滿足正是成功的動力！」問題不在於是否應該衡量自己的人生，因為我們原本就一直在這樣做了。問題出在於，有多少次我們是出於慣性這樣做？這樣做的結果只會帶來負面情緒，最終導致自我貶低。問問自己，你比較想要從弱勢的自我形象立場看待事物，還是以正面、健康的觀點出發？哪個結果會比較好？你比較希望成為很成功但壓力如山的人，還是依然很成功，但也很放鬆的人？

我記得網際網路剛興起的那個年代，幾乎每個人都會認識一個不怎麼樣的咖，光靠首次公開發行股票（當時新創科技公司的主要生財之道）就賺了兩億美元。例如，在我公司裡，就有一個人，沒什麼過人的本事，卻在離職後的十八個月裡大賺了一筆。

這些一夜致富的故事徹底改變了矽谷，幾乎每個人或多或少都被嫉妒跟極度不滿的情緒給感染。有趣的是，我們認識的許多人紛紛放棄了高薪工作，加入每周工作一百小時的新創公司，最後那間公司卻破產了。換言之，只有少數幸運者真正賺到了大錢，以及極為少數的人儘管工作時數相當長，卻很享受工作，又或者他們本來就喜歡長時間工作——絕大多數的人都是瘋狂工作後，只是換來龐大的壓力和更多不滿足。

當然，也有不少人離開一份好工作，是因為他們的點子真的很酷，想要在市場上測試效果如何。對我而言，這些人才是真正的成功者，其中有些人也能名利雙收。但不論結果如何，他們對於能有這樣的經歷感到很興奮，也對於自己每天起床能做符合自己信念的事，心懷感激。

養成每天感恩的習慣

當你懷著感恩的態度，而非沉湎於比較時，能讓你更容易、更有效地提升生活品質。我們並不是說所有的比較都是不好的（事實上，我們建議你做一些有益的比較）。關鍵在於我們必需改掉一直比較的習慣。

我們需要戒掉的是無意識的比較習慣。至於必要的比較跟對比的功能，還是需要保有，否則會無法正常生活。例如：去超市買東西時，要能夠挑選新鮮蔬菜，避免買到腐爛的。但我們也要能覺知到自己有多頻繁地習慣性比較，並了知這樣的習慣會偷走我們的安然感。因此，比較是沒有問題的，只要它是有覺知的，而不是不斷評比體驗好壞的習慣性比較，這會剝奪我們的基本快樂感。

在下面的訓練中，你會學習到如何培養感恩的態度。每個訓練都基於前一個訓練向上發展，因此最好重複練習單一訓練，直到你覺得很熟練後，才進行下一個訓練。

訓練 8
滿意自己以及自己所擁有的

※

- 最好在一天開始時做這個訓練，你可以把這個訓練作為日常禪修的一部份。
- 上半身挺直，以舒適坐姿開始。
- 先進行幾分鐘創造開闊感。
- 吸氣時，心想：「我很滿意自己。」呼氣時，心想：「我很滿意自己所擁有的。」
- 重覆這個呼吸練習至少21次，然後接著進行你的日常禪修練習。

訓練 9

感恩所擁有的特質或事物

※

我們可以用感謝自己生命中的某個事物來展開一天，像是：感謝自己所喜歡的人格特質，或自己所擁有的事物。不要認為那些微不足道，沒什麼好感謝的。即使是簡單如「我很喜歡晨間啜飲的第一杯咖啡」，或是「我喜歡我的新連帽衣」，都是很好的練習。或者也可以想想對自己滿意的地方，例如：列舉自己過去曾做過的事，像是善行、靈光乍現的點子，或是自己的特長，例如我們很擅長解決棘手問題，還是更簡單一點的，像是我們能夠讓陌生人微笑等等。

訓練方法如下：

- 就寢前，事先想一個對自己的生活很感謝的東西或特質。寫下來，放在清晨準備練習禪修的地方。
- 起床後，花五到十分鐘練習創造開闊感。（時間長一點也沒關係！）
- 進行21次的「滿意自己以及自己所擁有的」的訓練。
- 閱讀你昨晚寫下的感恩字條，反思一下，培養感激之情。
- 花幾分鐘練習有所緣禪修（專注在呼吸上，或者看著一個物體的禪修練習）。

訓練 10

感恩際遇、機緣

※

這個訓練跟前一個訓練一樣，唯獨要感恩的東西換成人生中的際遇、情境等。例如：你可以感謝很基本的東西，像是有個可以遮風避雨的住所，或是有足夠的食物可以溫飽；又或許有一家你很喜歡去的酒吧或咖啡館、所期待的假期，或是你喜愛的隊伍贏了重要比賽。任何正面的東西都可以，你有各式各樣的外在條件可以感謝。

正如我們前面提過的，享受美好事物沒有問題，因此請帶著感激之情盡情享受！有問題的是，小心別拿自己所感恩的東西跟他人際遇作比較。例如，心裡想著：「我很慶幸自己沒有像那些乾旱國家的可憐人一樣，沒東西吃。」我們只要針對自己有足夠的食物進行感恩就好，不要去檢討別人的不幸。因為這裡的訓練，是為了改掉習慣與他人或理想中的自己比較。因此，即使是生起「跟外婆當難民的時候相比，我現在所吃的苦要少多了」這樣的想法，或許能激起一些感恩之情，但卻強化了我們原本想要消滅的習慣——拿自己的際遇與他人相比。

訓練 11

慶幸自己能坐下來修持

※

光是願意致力於練習創造開闊感、禪修及進行感恩練習,就足以讓我們舉杯慶幸了!這些訓練讓你明白單純住於當下的好處,花點時間享受正在鍛鍊自心的時刻。

- 在你結束座上修前,請感謝並慶幸自己花了時間練習,並反思一下自己付出努力的這個良善特質。
- 做一些事情來支持這個慶幸,例如閱讀某本書裡能激勵你的段落、網路上所列的禪修利益,或者你的感恩日記中一項紀錄。

感恩日記

你當然可以省略創造開闊感或前面每個專注禪修練習。當然,如果這樣做的話,感恩練習的成效可能沒那麼大,但總比什麼都不做好。用「我很滿意自己,我很滿意自己所擁有的」展開一天。如果有時間的話,也可以接著進行反思自己生活中最感恩的一件事。

在進行「感恩所擁有的特質或事物」和「感恩環境、外在事物」

練習時，如果可以每天把所感激的內容都寫在日記或記事本裡的話，會很有幫助。到了每個禮拜天，不要想出新的東西來感謝，而是閱讀過去六天所收集的感恩事項，並反思一下。

禪修就好，不要衡量：無目的禪修

有時候，在禪修時，很多人會開始衡量自己的禪修品質。心裡想著：「今天我的禪修好安定、好寧靜。」又或者：「這是怎麼搞的？我沒辦法讓心靜下來。感覺好煩躁！」乍看之下，檢視自己的禪修過程似乎很合理，但實際上，不斷檢視體驗的習慣，正是禪修時所要摒棄的。

人們很容易不斷地將自己的禪修，跟自己認為禪修該有的樣子做比較。這樣的比較是沒有幫助的。禪修時，不論生起什麼念頭，都應該用一貫的態度面對：不去管念頭，把注意力帶回呼吸或所緣的對境上。「不設目的而禪修」是另一種能幫助我們放下比較的方法。

那麼，我們又要如何衡量自己的進展呢？可以等到下座後，再開始反思剛剛的修持如何：也許剛剛太過放鬆了，心似乎有點昏沉；又或者老是忘記自己在禪修，煩躁不安，腦子不斷想著其他事情。我們應該留意這些情況。隨著時間進展，就更能掌握禪修時的心理慣性，有助於日後座修。

有時候，你會發現自己的禪修進行得非常順利。這樣很好。花些

時間感受一下那個感覺。注意自己當時身體的感覺，禪修環境的一些小細節（是在室外還是室內，在哪個房間等等），當時有沒有什麼聲音、氣味。花一點時間想一下當時內心有什麼感覺。

當你的禪修進行得很順暢時，如果能鮮明地記起當時的感覺，能幫助你之後在上座時，回憶起那個感覺而產生激勵效果。（我們將在第六章第90頁的「小歇禪：五種克服焦慮與壓力的方法」，介紹如何運用安定的禪修經驗來克服焦慮。）

但即使我們不斷提醒自己，只能在下座後才去評估這座修得如何，也很難做到禪修過程中完全不去衡量。日常生活中，我們不僅習慣於時時時刻評估各種經驗，甚至在禪修時還會給自己設定一個目標。多數人都希望「以正確的方式」禪修，因為我們都希望多一點快樂、少一點壓力，工作更能集中精神，照顧心靈。因此，我們會拿自己的禪修過程跟理想中的禪修比較。

就某些層面而言，這是沒有意義的。我們都希望快樂多一些、壓力少一些，或是提升自己的抗壓性。但這樣做的缺點，是我們仍然讓自己受制於期望獲得某個東西、逃避另一個東西的思惟。我們仍完全相信，某個特定條件能帶來快樂，而另一些條件卻沒辦法——即便這個特定條件根本只存在於心理想像。

這樣的我們仍處於相同的無限循環中：在實現、延續、捍衛目標與失敗中奮戰，接著又再繼續實現、延續、捍衛，一遍又一遍。正如我們先前所證明的，這只會帶來短暫快樂，並且其中總是隱含著一絲不安全感。

「不帶目的而禪修」能帶來許多好處！面對任何醜陋的東西生起時，要做到不把它推開，專注於當下，剛開始可能要提起一點勇氣。但不用多久，就會發現只要心能夠維持在當下，專注於禪修本身，不論任何念頭或情緒生起，我們都可以讓它出現，不會有什麼問題。這個時刻可謂是對基本快樂的一瞥。

剛開始打坐時，實在很難不去暗自期待這座能有不錯的結果。這完全沒問題！我們可以在禪修開始前，先祈願能在這座禪修當中能不帶太多希望與恐懼而修持，修持的目的就是禪修而已。接著，在過程中，一旦發現自己又在評估時，只要採取任何分心時的一貫對策即可：回到所緣，回到禪修所依止的對境上即可。

只要記得把注意力放在呼吸上，就是在禪修。每當注意到自己散亂了，這個時候也是在禪修。真的就這麼簡單。不需要一直去檢視或評估，只要做就對了。

大多數禪修課程，都標榜能幫助人們減輕壓力、更快樂、更能享受當下。這些目標都有意義，但是想要達成目標的企圖心，卻有可能成為阻礙自己完全享受禪修利益的障礙。事實上，只要我們為自己設定一組體驗上的目標時——例如，讓自己更快樂，或許可以更快樂，但這樣的快樂仍是基於暫時條件的不穩定基礎產生出來的，意思是，如果條件改變了，禪修的利益也會改變。

反諷的是，如果某個禪修課程保證會讓你達成快樂、平靜、減少壓力等特定目標，即使經由禪修，你可能可以稍微往這些目標前進一點點，但實際上這些目標本身就是障礙。

這種禪修課程，也許可以帶領我們抵達外在條件所能提供的那種短暫快樂的顛峰，但僅此而已。真正的禪修效果應該是全面的，因為它不設任何目標，唯有「專注於修持」。

透過這樣的方式修持能幫助掌控自心，我們可以決定要把注意力放在哪裡而不會散亂。我們的心變得非常調柔、可運用，最終即使在極為艱困的情況下，依然能知足常樂。透過把自己的禪修徹底轉換成沒有目的禪修，就能獲得基本快樂。

不過，等一下，「想要住於當下」的心，不也是一個目標嗎？沒錯。但是，想要住於當下是有助益的目標，能激勵我們實際努力禪修；但想要住於當下的心，在禪修時卻沒辦法幫助我們住於當下。

事實上，就跟任何欲望一樣，如果禪修時一直惦記著要住在當下，只會把我們帶離開當下。當下不是一個地方，它一直都在這裡——不然它還能在哪裡？我們只要注意眼前所發生的就好。不要評估，只管打坐！

好吧！但是，難道我們不是一直在創造情境，讓自己住於當下嗎？沒錯，我們利用心喜歡攀緣的習性來終止攀緣。因此，在剛開始禪修時，可以用稍微刻意的方法來讓自己熟悉維持在當下。我們利用像呼吸這樣的所緣，把注意力攀附在呼吸上，而不是任何生起的念頭上。

越來越習慣維持在當下以後，就不需要所緣了。「當下」不是我

們創造出來的,因此使用所緣這種有點刻意的方式,最終會變得不必要。熟悉住於當下就是全部。

這種熟悉度就跟閱讀能力一樣。當我們經過一個路標時,不用思考,一看就能明白意思。因為我們對閱讀很熟悉,所以能看到什麼字就懂,不用想:「喔,那裡有一些字,讓我看看它是什麼意思。」同樣的,只要覺察自心正在覺知,很自然地就能把我們帶入當下,帶入那個沒有散亂的狀態中。

透過勇於進行無目的禪修,全然處於當下,對一切念頭、情緒保持開放,你會發現有一種連你自己都不敢置信的滿足感油然而生。老是在比較、評估的習慣也會自然鬆解。剛開始,這些會發生在你的禪修過程中,但漸漸地,你會發現,面對人生任何突發狀況,你也都能以平靜、幽默的態度坦然以對。

在歷經人生各種起伏後,你會變得更加淡然與穩定,因為你不再受外在條件的束縛。如果你想透過禪修變得更平靜、專注、讓自己的血壓降下來,這些都是開始進行禪修的充分理由。

但令人訝異的是,唯有當我們完全放棄對這些禪修利益的期待時,這些利益才有可能增長!如果你想獲得禪修的全部利益,就要發願摒除所有的目的。這樣的祈願最終會引領你來到真實的「無目的禪修」。

在上座的一開始,先花一點時間發願,願這座能單純禪修,對結果不抱任何期望與擔憂。甚至於如果能大聲說出來也很好:「不

論念頭是否與禪修有關或任何心中生起的念頭，我都會用同樣的方式對待。一旦我注意到念頭生起，我不會管它，只會把注意力帶回到禪修所緣上。」

當我們越能培養感恩的態度，就越能進行無目的禪修。當我們越能進行無目的禪修，心中就越能自發地生起感激之情，而非落入評估、比較的耗損習慣。

第六章
心住當下

禪修的整個重點在於熟悉「沒有散亂」的狀態，
並將這種「住於當下」融入我們正在從事的各種情境中。

> 我不確定我的祖父是什麼樣的人；
> 我比較在意他的孫子會成為什麼樣的人。
> ——亞伯拉罕·林肯

我們現在明白，禪修能幫助把注意力帶回當下。雖然這是很好的第一步，但我們也要能夠把當下覺知從禪修墊帶入日常生活中，因為這是超越不斷對日常經驗評比習慣的最有效做法。

禪修的整個重點在於熟悉「沒有散亂」的狀態，並將這種「住於當下」融入正在從事的各種情境中。當事情順心如意時，就可以一改以往處心積慮想要延續的習慣，好好地讓身心回到當下、享受當下。當不如意事件發生時，也不會完全失去平靜、沮喪失志，知道該做什麼，而非被焦慮壓垮。越能做到這點，就越能生起基本快樂感，即使面對的是極艱困的情況。

既然我們已經討論了很多跟禪修與感恩有關的內容，現在就讓我

們來探索,如何在日常生活中提醒自己要有感恩的心與維持在當下吧!讓我們開始吧!

將正念覺知融入日常活動中

禪修,不僅是座墊上的禪修,能夠在日常活動中運用禪修技巧,才是實際的禪修。如果你能夠在一天開始時先進行「專注呼吸」或「創造開闊感」的禪修,這會是很好的。用這樣的方式展開一天,即使只有幾分鐘,也很可能改變你的一整天。但通常實際情況卻是,即使我們起床後禪修,你也會發現在步出家門後,立刻被整天的瑣事給主導,完全被它們分散注意力,忘了要保持當下覺知。那麼,請問這個可憐的禪修者該怎麼辦呢?

訓練 12

正念小歇

※

為了讓自己更習慣完全將心住於當下,在一整天當中,你要不斷提醒自己暫停,觀呼吸、創造開闊感或感恩。我們將這個時刻命名為「正念小歇」,因為我們暫時放下手邊工作,放下腦中正在思索的東西,就只是回到當下——暫停、放下、住於當下。

- 找一個你能完全放下一切事務的時刻,放下所有苦思、壓力。如果你真的需要那些思緒,別擔心,等會兒它們全都會回來。
- 花一點時間創造開闊感,專注呼吸或生起感恩的心。

小歇禪的時間長度短至一分鐘都行。試著在一天之中，盡可能進行多次的正念小歇禪。

小歇禪：五種克服焦慮與壓力的方法

進行正念小歇時你會面臨的最大障礙，也許是被焦慮與壓力襲捲的感覺。但有趣的是，這個時候也是我們最需要小歇禪的時候。以下是讓小歇禪更能保持正念的訣竅：

1. 只要記得「禪修」就夠了。

在頭幾次的小歇禪裡，不要期待太多。畢竟，我們每個人此生幾乎都在熏習散亂的習慣——佛教徒可能會跟你說，不只這一生！因此，當你進行小歇禪時，心裡只要想著「禪修」就好，把注意力放在這兩個字上一會兒，這樣做有助於建立短時禪修的習慣。在進行幾次這樣的小歇禪後，便可以試著練習專注在呼吸上，或者將注意力放在其他所緣上。

2. 處處創造開闊感。

要於外在環境練習創造開闊感可能有點難度，但每當你感到有些壓力時，都可以利用小歇禪練習創造開闊感；不過你可能需要一點創意。

―――――― 帕秋仁波切 ――――――

我一個朋友邀請我去參觀他位於曼哈頓市中心的辦公室。我從來沒去過美國的大型辦公大樓，所以很好奇那是什麼樣的地方。之前我

的朋友跟我說要在吵雜的辦公環境,做創造開闊感練習根本不可能。

現在,我完全明白他的意思了,因為每個人都被分配在密集的小隔間裡,工作極為忙碌,幾乎毫無隱私可言。我在喝了幾杯茶後,突然很想上廁所,他帶我到化妝室。當時我坐在廁所裡,心想,哇!這真是一個進行小歇禪的完美地方,沒有任何人能打擾你。

....

如果你人在辦公室裡,感覺內心非常疲憊,可以去化妝室幾分鐘,坐在馬桶上,創造開闊感。在廁所間裡,沒人看見你或知道你在幹嘛,或至少他們知道,但也不會打擾你——在此情況下,就能創造完全屬於你的空間。

同樣的,如果你的老闆或同事責備你,你可以一邊冷靜聽她講,一邊觀看自己的心、試著創造開闊感。這招也可用在跟朋友、戀人相處時。你可以回想創造開闊感時的感覺。這樣做能幫助你減少緊張和生氣,讓自己不會立刻以憤怒或躁動的情緒回應,也就更容易以沉著、清晰的心面對眼前情境。

3. 以回憶起平靜的感覺,來克服焦躁與憂慮。

這個方法必須喚起過去在座上修時曾有過的平靜感受回憶。在討論「沒有目的而禪修」(第82頁)時,我們提到如何將座上修的經驗鮮明地鎖住,供日後回憶。

當你感到特別煩躁或焦慮時,試著回憶禪修時那股特別平靜的感覺。回想當時你所在的房間或環境,有沒有什麼特殊氣味或聲音。最重要的是,回憶起當時的感受。你可以把整個正念小歇禪

的時間，都用來重拾當時座上修所獲得的那個平靜感受。讓那個平靜感受成為你小歇禪的所緣。

4. 培養感恩的心。

正如先前所說的，當分心散亂的習慣出現時，我們會被批判和妄念帶著走。最佳對策是集中於生起感恩、感激的心。在你進行正念小歇時，可以回想生活中一個可以感恩的東西。如果你每天早上都有花幾分鐘做這件事，這時你應該很容易就可以想出一些值得感恩的東西，現在你只要重返早上修持過的感恩對境就好。

5. 如果都不行，就把焦慮當作所緣。

有時候，我們就是完全被焦慮給淹沒，不管做什麼都沒效，要小心別讓自己因無能為力的挫折感，而加重焦躁與擔憂。與其不斷想著要把它趕走，不如就把焦慮感當做小歇禪的焦點。

問問自己，我怎麼知道自己很焦慮？那是我身體裡的一種感受嗎，還是滔滔不絕的內心戲？是我腦海中不斷翻騰的特定想法嗎，還是我所擔憂的某個影像？

你不需要沉浸在諸如「希望我不要這麼焦躁」或是「希望禪修有用！」等持續的評價中。相反的，只要讓自己專注地看著焦慮或煩躁，沒有任何散亂地觀看焦慮或煩躁的感覺，看它是否是一個念頭、情緒或身體上的感受，還是各種綜合體？盡可能精準描述出「焦慮感」是什麼。不要陷入感覺中，或是你想要的感覺或者任何批判中。如此一來，即便是焦慮感也能帶你進入當下。

> 除了你自己,沒有任何事物能帶給你平靜。
> ——愛默生(Ralph Waldo Emerson)

養成修持小歇禪的習慣

即使我們很想在日常生活中進行短暫禪修,卻因為過度投入生活瑣事,忘了要暫停一下,放下手邊工作,讓心與當下同在一會兒。因此,我們要運用一些技巧來提醒自己,記得進行正念小歇。我們可以選定一個平常會做的事,提醒自己要暫停片刻。每當在做這些事情時,就告訴自己要暫停手邊工作,花幾分鐘安住、休息、創造開闊感或培養感恩的心。我們稱這些時候為「小歇信號鐘」,因為它可以提醒我們立刻進行短暫禪修。

1. 選定一個敲響小歇的信號鐘:

白天時,有很多可以進行小歇禪的時刻。例如:在搭公車或捷運時,可以利用時間觀看自己的呼吸,或者也可以借用公車或列車所發出的聲音為禪修所緣。

日常生活中,我們經常在等待——等公車、等朋友來或是等一直佔線的客服電話。在等待過程中,與其覺得很無聊,開始漫不經心,滑手機看電子郵件或打手遊,不如趁這時觀看自己的呼吸;又或者在超市排隊等結帳時,也可以利用觀看身體的感受或其他所緣,幫助自己回到當下。

上班族可以利用會議提早結束的空檔。回到辦公桌後,不要馬上打開電子郵件,試著專注於呼吸60秒鐘。

艾瑞克・所羅門

> 我以前上班的地方，每天上午約莫在11點45分的時候，都會有一台午餐胖卡來公司樓下按喇叭。
>
> 當辦公室裡多數人都跑出去買三明治或墨西哥捲餅的時候，我正好利用這段時間進行小歇禪。這時辦公室裡會突然鴉雀無聲，我剛好可以坐在我的隔間裡，專注自己的呼吸或創造開闊感。通常大家買午餐的時間大約要等個十五到二十分鐘，我會在最後幾分鐘再閒晃出去，最終還是能買到我的捲餅。我的天啊！那些捲餅超級好吃的！尤其是在進行開闊感練習後，更是極致美味！

不論你選定什麼事做為敲響小歇禪的信號鐘，重點是那件事要能提醒你暫停、放下、回到當下。花一點時間想一想你的信號鐘（或信號鐘們）是什麼。

2. 在心裡規劃你的信號鐘。

在一天開始之時（最好是在你結束早上的座上修後——你有在進行晨間座上修，對吧？）花一點時間想像你的小歇信號鐘，以及小歇禪時要做的事。在心裡演練幾次：觀想信號鐘響起時，自己人在哪裡，正在做什麼事？

想像你要怎麼進行小歇禪，進行的時候會怎樣，在一天之中花幾分鐘進行短暫禪修是怎樣的感覺。認真地發願在每次見到、感覺到、聽到你的小歇信號鐘時，你都會記得要進行小歇禪。

3. 設定一個目標並計算小歇禪的次數。

設定目標對人生很重要。我們人生充滿目標，從與好友共進午餐到晚餐要吃什麼，或者存錢度假。一生當中大部分時間我們都在擬定計畫，努力實現這些計畫或目標。同樣的，你可以設定每天要進行幾次小歇禪。以下是一些建議步驟，能幫助你設定可行的小歇禪目標：

- 制定可行的每日目標。剛開始，如果設定的目標太高，很可能不久就會失去信心。從適宜的目標開始——也許是一天三次，即使一天只有一次也很好。

- 計算小歇禪的次數。

- 到了晚上，把當天進行的小歇禪總次數寫下來，並擬定明天的目標。如果你很容易忘記當天要做的次數，也許你應該降低目標。例如，你原本計畫一天做三十次小歇禪，但實際上你只做了三次，這時你應該重新設定目標。

- 慢慢增加每天要做的次數。例如你上禮拜（或上個月）一天做三次，這禮拜將目標調成一天做四次。

- 設定目標，開始計算次數。

人們經常問到一天要設定幾次小歇禪。答案是越多越好，但不要多到讓自己有壓力。小歇禪應該是這樣：從日常散亂、充滿壓力的狀態中暫停一下。因此，慢慢地把暫停次數往上加。從一天一

次小歇禪開始，慢慢往上加，直到你覺得剛剛好為止。

從此不再無聊！

當我們跟大家講禪修可以對治無聊時，他們多數都瞪大眼睛，好像我們瘋了一樣。畢竟，禪修的最大門檻之一——坐著，什麼都不做，不正好就是無聊透頂的定義嗎？看著呼吸有什麼有趣的？

對大多數人而言，無聊或是暫時什麼都不做，幾乎是難以忍受的。當今資訊爆炸的社會更加劇了這個現象。多數人的口袋裡都放了一支智慧型手機，立刻就能連上社群網路、網際網路、音樂、YouTube頻道，數不盡的娛樂選項僅在一指之遙。大家一方面抱怨生活壓力與快節奏，另一方面，又把自己的生活變成這樣，從不缺乏消遣，多數時間都是一心多用。

記得我們提到要讓自己盡情享受嗎？現在正是享受你的心，看看結果會如何的大好時機。下次當你禪修時，產生「好無聊喔！」或是「真希望引磬快點響起！」的念頭時，那正是有趣的事情發生之時。

那時如果你再堅持坐一會兒，是不是會開始覺得身體有點不舒服？為什麼？那種感覺並不會嚴重到像有人拿針刺你的眼睛。這個時候，問自己，那個不舒服的感覺來自哪裡？是不是那個想法本身創造了焦慮感？還是安靜坐著這件事情本身就很可怕？如果是想法造成的，為何僅只是腦海裡浮現的幾個字，就具有這麼大

的力量？難道你真的要受困於對念頭的慣性回應，而不願意單純住於無散亂的狀態？

為什麼說享受自心這件事很有趣？因為我們要超越只是慣性回應念頭與情緒，我們要成為一個好奇的「心之探索者」。探索自心不僅是智識上的滿足，也讓我們不再被習氣綁架，真可謂一大解脫。

即使這種禪修方法現在看起來沒那麼無聊了，但我們不禁還是想問，為何禪修可以對治無聊？答案是：每當無聊來臨時，就用它來禪修。

通常我們會花很多時間在等待事情發生，等火車來、等洗衣機洗完衣服、等會議開始，或者在咖啡廳裡等朋友來、太早進電影院等等。這些時候與其滑手機，不如注意你的呼吸。透過輕輕將注意力放在呼吸上，幫助自己將正念帶入覺知，進入無散亂的狀態。現在你掌握了既有效率又有趣的方法，來度過過往那些無聊的時刻。因此，我們才會說——禪修是無聊的解方。

建立每日禪修練習

幾乎每個人在維持日常規律的禪修練習時，都會面臨挑戰。這就像新的一年來臨，許下今年要固定去健身房的心願一樣。剛開始我們每天都會去。一段時間後，心願就被日常瑣事取代了。因此，要建立每日規律練習的關鍵，在於培養熱忱跟貫徹如一。

培養熱忱

熱忱是指對心完全在當下擁有積極的態度。透過思惟創造開闊感、培養感恩和禪修的利益,讓我們對學習完全處於當下、無散亂這件事能自然產生熱忱。即便如此,我們還是需要一個良好的對策,來培養持續修持的習慣。

──────── 帕秋仁波切 ────────

過去我一直是那種天生會反抗任何體制或義務的人。以前,每當我聽到這座禪修有什麼需要遵守的指示時,通常都會立刻做出完全相反的事。為了改掉這個習氣,我必須先承認叛逆是我性格的一部分,了解自己唯有明白事情真正的利益後才會去做。

因此,我研究了為何要禪修的理由,試著了解那些論點是否足夠有力。漸漸地,先前書本上提到關於散亂的缺點、無散亂的利益等等,開始變得有意義,不僅是知識上,更是我的親身體會。我看見自己規律進行禪修時,我的心理狀態如何,如果跳過幾天沒禪修時,我的心又如何。於是我驚訝地發現,當我保持規律禪修時,自己變得更平靜、更知足,且更能面對突發挑戰。當我沒禪修時,更容易激動、負面情緒更多。

我是個固執且難以說服的人,因此我花了好幾年時間反思,才徹底信服禪修的利益。即使到了現在,我還是得經常提醒自己全然保持在當下的好處。但也正因為如此,我為自己找到了每天修持的動機。

────────────────────────────

本書列舉了許多為何必要越來越熟悉當下覺知的理由。找出對自

己有意義的理由並持續提醒自己。如此一來，你自然而然會對修持產生更多熱忱。

但重點是過程要有趣，而不是一件差事。例如，你可以運用Google關鍵字定期寄送與禪修有關的新聞或知識給自己；或者下載一個手機應用程式，用來專門收集跟禪修有關的資訊（有很多受歡迎的應用程式有這個功能）。如果你有個朋友也在學禪修，定期跟他吃午飯交換心得。更重要的是，要記得慶幸並感謝自己的這些努力。

貫徹如一

即便我們對禪修產生了熱忱，一開始的動機也很好，但之後卻被生活的雜事介入其中，等到一、兩個禮拜過去，才發現自己的初衷不見了，不像一開始那樣精進禪修了。哎呀呀，又來了！

———————————— 艾瑞克・所羅門 ————————————

　　我記得自己第一次接觸禪修時，我發誓每天都要禪修很長一段時間，且要一直保持下去。就好像人們剛聽完一場振奮人心的禪修講座後，滿懷熱情地訂定了遠大計畫。維持一陣子後，慢慢地我開始減少禪修時間，或偶爾落掉一兩天，直到最後變成沒有每天禪修。等到終於有時間可以禪修時，整個過程我都非常煩躁。

　　認清自己想修的量跟能修的量，兩者之間的差異，是很重要的一步。我的行為就像在進行短跑競賽，但實際上，我是在進行一場可能終其一生都在跑步的馬拉松競賽。這場終生馬拉松顯然需要運用不同方法。於是，我開始許下諾言（再次），說我每天都要禪修，但這次

不是發誓這輩子都要履行諾言,而是承諾在一段期間裡,每天都要做。我還發誓不論如何,每天一定都要做到設定的時間。如果時間允許,或是當天特別有感,我會多做一點,但至少一定要做到最低要求。

　　我的最低要求是多長呢?兩分鐘。我發誓要維持幾天呢?三天。

　　一天兩分鐘,維持三天。這應該每個人都能做到吧!對啊!連我都做得到!到了第三天結束時,我再次許下新的諾言,繼續每天兩分鐘,連續三天。慢慢地我把這個習慣建立起來了。沒過多久,我變成承諾每天三分鐘,連續四天。之後每天五分鐘。

　　就這樣,我慢慢把數字往上加。一段時間後,我便不再需要承諾要修持幾天了。幾個月過去,我每天都能禪修。這個習慣即使後來我到矽谷工作,歷經每天長時間的工作,也未曾中斷過。現在我不太需要去思考如何維持禪修的習慣。幾年過去了,我未曾中斷過一天。每天我都要等到做完當天的最低限度,才會感到安心。

....

從自己可以達成的禪修分鐘數開始,不論發生任何事都要完成,是一個不錯的點子。雖然每天禪修的時間可以更動,但數世紀以來,許多最偉大的禪修者都建議最好在清晨醒來第一件事情就先禪修。舉例而言,我們承諾每天禪修三分鐘,維持三天。為了讓自己有時間履行諾言,我們可以把鬧鐘設定提早五分鐘起床。減少五分鐘的睡眠影響不大,但我們卻多出了充裕時間可以做三分鐘的禪修。

現在禪修誓言有了,多出來的時間也有了,可以開始進行了!我們可以慢慢地增加每天要禪修的時間,以及要維持的天數。

如果你發現之前承諾每天要的禪修分鐘數有點太長了，在維持的天數結束後，你可以把時間減少。這就是為什麼最好僅許下短期承諾（三到五天）就好，尤其是在初期階段，因為你可以在這一期禪修結束後，調整你的承諾。養成習慣能夠確實遵守許下的承諾，有助於建立終生禪修的動能。

創造基本快樂　　日常訓練計畫

關於基本快樂的說明，到此結束。讓我們把所有內容總結成一個公式，以運用在日常練習中。這樣做的目的在於激發你的想像力，啟發自己去實現基本快樂感。此計畫不應該成為實踐時的另一種負擔。初期，如果下面所列的每件事都要做的話，可能會太多，但每天做一些，持續一段日子後，你可以輕易地把這些練習整合到日常生活中。我們過去曾在很多受害者——朋友身上，包括我們自己，都試驗過，也幫助很多人體驗到基本快樂感。所以，現在就來試試看吧！看看哪些方法對你有效，讓基本快樂成為你自己的，也許還能幫助你更加享受人生喔！

每天只要抽出30分鐘，就能體會你自身的基本快樂感。時間多寡不是重點，重要的是每天都要持續進行；即使只有幾分鐘也可以。更重要的是你要享受練習的過程，而非視為苦差事。畢竟，是時候獲得徹底快樂了！

｛基本快樂感｝

上午

醒來即住於當下：不要立刻下床，透過快速掃描身體來注意身體的感受；想像你如何用禪修開啟一天，祈願今天是充滿正念覺知的一天。

晨間禪修：練習創造開闊感，練習幾分鐘專注呼吸或其他所緣禪修。花一些時間反思感恩的事物，慶幸並感謝自己在禪修上付出的努力。

正念飲用：帶著當下覺知，啜飲早上的咖啡或茶。

下午

正念小歇禪：一天之中無論何時、無論何處，創造開闊感、觀呼吸、培養感恩的心。

晚間

晚間禪修：在一天結束前，花一點時間創造開闊感，如果不會太累的話，用幾分鐘觀呼吸。想一下明天早上可以感恩的事物。

反思自己過去人生多數時間雖然都耗在追逐散亂心上，如今卻能夠花一些時間修持。

慶幸：慶幸自己花了時間禪修，尤其能在白天進行一到三次的小歇禪。觀想自己明天依然維持下去。好好享受！

正念入眠：當你躺在床上時，培養一些感恩的心，然後帶著正念入眠。

第二部
相互依存的快樂
掌握你的心

相互依存的快樂感，
是從找到人生意義或目的後所獲得的滿足感中產生的。
那麼，人生意義或目的從何而來？
萬事萬物都是相互依存的，
只要我們越能按照萬事萬物相依存的法則與自身、環境互動，
就越能根據自身的自然聰慧做出決定或選擇。

相互依存的快樂感，是在我們與他人互動時產生的。觀察自己追求快樂的過程、日常生活與人互動時，我們的行為有時（或許經常）跟自己的信念不符。我們都知道自己所處的環境與生存在其中的動物、植物及所有人類是相互依存的。科學上也證明地球生物圈是彼此交互作用、相互依存的一個大網絡。然而，如果認真審視自己的日常行為，不難發現自己的生活根本與這種理解不符，於是無法體驗到相互依存的快樂。

通往基本快樂的三把鑰匙：

1 思考萬事萬物相互依存的法則

我們大多數人目前的生活態度，儼然都是自視為孤獨生存的個體，明顯與所在的世界脫離。但如果仔細審視的話，就會發現我們與他人、周遭環境其實是相互依存的。包括許多價值觀、決定及思考模式等等，這些定義自己是誰的主要因子——實際上是相互依存的產物。我們的文化、被扶養長大的模式、往來的對象，甚至是腸道中的微生物，都能影響我們對事物的體驗。

一味地用與世界毫不相干的方式生活，會使我們在各方面的體驗扭曲變形。如果能認真思索自己跟一切事物唇齒相依的本質，就能產生意想不到的轉變。通常我們認為，為了照顧好自己與家人，必須先考慮自己與和家人的需求。但相互依存快樂感卻是透過培養慈悲，學習把他人看得和自己一樣重要。事實上，滿足他人需求，同時也滋養了自己追求快樂以及與社會連結的基本需要。

2 放輕鬆！鬆開批判

在和他人見面的幾分秒鐘後,就會立刻為對方貼上強烈的標籤,但這些批判往往都是錯誤的,也很難改變。這種善於批判的習慣阻斷了我們看見他人的本貌,妨礙得到正確決定並真正地體驗周遭世界。我們將學習如何透過禪修培養慈悲,以鬆開驟下批判的習慣,同時也學習慶幸他人的福報。

3 體貼關懷

在日常生活中與他人互動時,是相互依存快樂感產生的時機,而這也是「體貼關懷」這句口號的意義。利用前面兩章所獲得的洞悉與溫暖,我們逐漸改變自己與他人互動的經驗,即便面對的是自己討厭的人。並且學習:毋須等待全世界都符合我們的需求,也能感到愜意與知足。

第七章
思考萬事萬物相互依存的法則

把他人需求看得比自己重要時，就會找到生命的意義。
如果心裡頭只有自己，
那麼我們的行為就和彼此相依的宇宙基本法則相違背。

………………………… 艾瑞克・所羅門 …………………………

　　我記得我在十多歲的時候，常想著要如何去時光旅行。這個嗜好是從我聽到外公、外婆、外曾祖父母在20世紀初於蘇聯經歷的苦難後開始。當外婆的村子被蘇聯白軍、哥薩克人燒毀時，她還只是個小女孩。之後，全家人便展開歷盡千辛萬苦的逃難之旅。他們先是徒步前往法國，再輾轉乘船逃到美國。外公的家人為了躲避滅村大屠殺，以偷渡方式逃到聖彼得堡。途中，外公和他的弟弟還差點被乾草叉刺死。有人造謠當時還只是少年的外公，曾經幫紅軍領袖托洛斯基發放宣傳單，迫使他們只得離開聖彼得堡。

　　我小時候很喜歡看科幻小說，曾經看過一個叫作《時光隧道》（The Time Tunnel）的電視劇，其中每一集都會利用時光隧道回到過去。所以我經常幻想自己利用時光隧道回到過去做一些事情。例如，我覺得可以送一些現代武器回去幫助外婆的村莊，避免它被燒

毀。但最後多數時間，我發現自己都是在想像怎麼幫助紅軍，我相信托洛斯基不會像史達林那樣殘忍，應該會對蘇聯的猶太人好一點。此外，身為小毛頭的我，也深信托洛斯基會允許民主制度的建立。

最後結果是我不得不承認光這樣幻想是沒有辦法改變歷史的，也不能保證我的祖父母會相遇。就算我有辦法讓他們兩人見面，又要如何讓我的父母也相遇？如果他們兩人沒遇見彼此，就沒有我了。另外，在蘇聯成長也是個大問題，那個俄國小孩跟現在的我會是同一個人嗎？我願不願意為了數百萬人犧牲生命，甚至是父母的性命呢？在我心中，不只是俄國內戰，甚至是整個冷戰都可以避免，其中有很多可以思考的東西。

幾乎所有跟時空旅行有關的電影或電視劇都會提到，要回到過去做一件事改變未來，卻又不能把現在的事情搞砸，是非常困難的，無論要做的改變有多微小。這是因為所有人、事、物都是相互連結的。現在發生的事件是基於過去事件產生。很顯然，宇宙間沒有任何事物是無中生有，每個因或行動都會有其結果。改變一個微小事情會使得另一串事物也跟著改變。隨著時間累積，其結果幾乎是無可估計的。

萬事萬物都是相互依存的，沒有任何事物不是依靠因與緣而產生。基於諸多因緣，我們得以出生、星系誕生、原子組成；同理，基於其它因緣，我們離開人世、大型星系隱沒、原子分裂。如果僅將目光焦點只放在自己身上的話，就會過度強調自己的獨立性，小題大作地將依靠因緣而起的結果，解讀成是自己的決

定,進而做出錯誤決定。我們或許認為自己能自由選擇,但實際上只是突顯了自己的受制性。

自由選擇是真自由嗎?

每一天我們都要下很多決定。從可能改變自己人生的超級重要決定,到許多平淡無奇的小決定。我們甚至對自己能下許多決定的能力感到自豪,認為這種能力是「使自己與眾不同」的原因。但事實上,我們多數的決定是群體映現的結果。換言之,我們的決定是由外在環境、生理條件以及自己最認同的群體所影響的結果,並非全然是個人性的獨特表現。

讓我們舉一個相當普通的例子來說明。比如說,到住家附近的葡萄酒商店選一瓶紅酒。首先,那瓶酒是怎麼來到那家店的?第一,那家店的老闆必須先決定要不要賣這瓶紅酒。其中大部分原因,取決於至少要有一位受人尊敬的葡萄酒品酒師,對那瓶酒或是釀造該葡萄酒的人、品牌(酒莊)或葡萄園本身(如果直接從種植者購買葡萄)給予高度評價。有時,純粹是商店老闆喜歡那瓶酒的風味。

這些因素的產生仰賴了其他更多因素,例如,我們住在一個能孕育各種動植物的星球,包括葡萄跟人類都是演化的產物。為了產生人類與葡萄,必須要有很多順緣。之後,人類還得發現發酵這件事。當然,之後還得再進一步發現喝下發酵液體能產生微醺的愉悅感。更重要的是,還要有人發現喝這個液體比喝水還要安

全。隨著時間演進,人類釀造葡萄酒的技術越來越好,風味越來越香醇,使得農業機械工具都必須跟著改良創新,導致一連串看似跟葡萄無關的事件產生了,例如:齒輪的發明,以燃油拖拉車取代牛、犁,促進交通運輸與商業貿易的道路也一併跟著修建完成。

這些發明都跟釀造好喝的葡萄酒沒有直接關聯,但卻都屬於一個大範圍的相互依存網的一部分。當你對事物的各種依賴、相互依存有更多了解時,就會更加領悟到人類的一切進步,或許沒有大到含括整個宇宙,但至少在某種範圍內,都和我們手上這瓶用來和朋友享用的酒一樣,是相互依存的。這麼一來,這個我們引以為豪的決定——挑選一瓶葡萄酒的行為,是整個依存鏈中最渺小、最微不足道的部分。你甚至可以說那根本不能算是我們自己的選擇。

不光只是選一瓶葡萄酒,這個原本我們以為與他人無關、獨立的決定,其實是我們真的受制於依存性的結果。事實上,我們大部分的行為都是受所處的文化、社會與環境條件影響所做的習慣反應。

在一項名為「餅乾怪獸」的實驗中,研究人員隨機挑選同一所大學裡的學生,每三人一組做研究[1]。每次,研究人員都會請小組的人隨機推選一人作為組長。測試內容頗為無聊,大概是跟校園即將推行的政策有關。20分鐘後,有人會端著一個裝有四塊餅乾的

---

1 Dacher Keltner、Deborah H. Gruenfeld、Cameron Anderson〈權力、趨近與抑制〉,《心理評論》第110期,頁265-284,2003年。

盤子進來。實驗結果發現幾乎每一次都是組長（只是20分鐘前選出來的）會多得一塊餅乾。通常沒有人會說：「嘿，我們把多出來的餅乾分成三份。」另外兩個組員也不會自己去拿多的餅乾來吃。多出來的一塊餅乾通常都是被組長吃掉。

我們為什麼要講這麼多跟選擇和多餘餅乾有關的東西呢？難道不能單純享用美酒、吃餅乾就好嗎？之所以這樣費盡唇舌，是因為這些例子說明了，很多時候，我們自以為是自由意志和「我們的決定」，實際上只是相互依存法則的表現。跟環境、其他人、情勢的相互依存性，影響到我們為什麼會這樣做、為什麼會下那樣的決定。正如透過艾瑞克想像的時光機鏡頭看到的，那些看似與自己無關、早在多年前去世的人們的選擇與決定，也可能影響到此刻的我們。

這讓人不禁要自問一個問題：我們此刻的生活是否符合相互依存法則，也就是所謂的「相互依存性」，還是我們的生活態度完全忽略這點？如果否定相互依存性，那麼代價是什麼？另一種說法是：你是否想成為對人與事的因緣對應毫不自知的奴隸？或是面對這種不斷變化的依存性，能有更真實的互動方式？如果能擺脫這種奴役行為，有何好處？

你所需要的就是愛？

「快樂就是愛，句號。」這句話是哈佛大學針對一項為期75年的研究實驗，負責人喬治・威蘭特所得出的結論。這項研究追蹤了

268名男性的一生[2]。威蘭特總結這項研究的結論是：「溫暖的人際關係能對『生活滿意度』產生最大的良性影響。」人生中享有溫暖關係的人，多半認為自己的人生是成功的。以下是一些研究發現：

> 他們更長壽。
> 他們賺的錢比較多。高智商對收入沒有影響。
> 他們的婚姻比較快樂。
> 他們比較能在生活中找到滿足感。
> 優雅且充滿活力的熟齡人生，
> 跟生活方式的關聯遠大於基因組成。

愛，真的嗎？愛是解決之道？或許你會認為這太過夢幻了。好吧！讓我們實際一點。與其談愛這麼抽象的大標題，讓我們單純談前面所講的「溫暖的人際關係」。當某個人對我們很好、很關心我們時，我們會覺得內心很溫暖，對嗎？也許這就是重點所在，這裡所講的不是空洞、虛幻的愛，而是基本的人與人之間的善良與關懷，這個不管你到哪裡都可以做。

—— 艾瑞克・所羅門 ——

1990年代末期，在第一次網路熱潮興起期間，矽谷裡的公司每年都要面對高達35%的員工流動率；就好像每個會呼吸的人都能在外面

---

2 喬治・威蘭特（George E. Vaillant）《勝利經驗：哈佛獎助研究之人物》。（麻薩諸塞州劍橋：哈佛大學出版社貝爾納普出版社，2012年）

找到一個比現在薪水還要高的職位。要在那樣的環境下進行專案管理相當困難。很快地，我們這些管理階層就發現，底下的人叫志工，不叫員工。因為任何員工若想要離職，幾乎在彈指之間就可以走人。我當時任職的公司人事部找出平均在職率最高的部門，透過訪問那些員工，試圖找出維持高在職率的趨向。

有幾個部門的在職率特別高，每年只有不到百分之十的流動率。這些部門員工在談到他們的主管時，跟其他部門有很大的不同。事實證明，決定員工是否會留下來的最大因素是他們跟主管的關係。那些流動率較低的團隊裡，人們會這樣說：「我的主管很關心我，他在乎我的工作表現，而不是我有沒有在期限內完成工作。」此外，流動率較低的部門主管較常使用建設性的評論回饋給員工。

在高流動率的團隊裡，主管也許很受歡迎，但團隊裡的人會這樣說：「我的主管只會獎勵我做得好的部分，卻從來不跟我說我的缺點是什麼，該做什麼改進。」也許這種管理方式會越來越常見，因為出於善意的管理者擔心跟員工講任何負面的話，會導致他們離職。但在那些低流動率的團隊裡，人們會說：「不管我做得好或不好，有任何需要改進的地方，我的主管都會坦白說。不只這樣，她還會跟我一起擬定如何進步的計畫。我想這就是我的職場生涯所需要的：一個關心我，會指出我的優、缺點的主管。」

當好人不代表就是當個爛好人，這代表著你夠關心那個人，以至於你敢跟他直言不諱，並且願意與他人合作，幫助他們成長、茁壯。這樣做究竟對誰有好處？根據哈佛大學研究，善良、懂得關懷他人的人會得到最多利益。心胸越寬大、善良、越懂得關心他人，人生就會越美好，甚至也會讓他人的人生變得美好。這有點

像疾病一樣，會散播出去，唯一和疾病不同的是，我們感染之後都變得更健康了！

前面講到基本快樂時，談到很多將心住於當下的好處。的心完全專注於當下時，不論何時何地，都能更享受美好時光。當心沒有散亂時，艾瑞克就可以盡情享受沙灘上的時光，而不是想著：「太可惜了，沒辦法每天都這樣。」這些是沒有用的想法。基本快樂感是從充分享受後油然而生的知足，它是心無散亂的結果。但相互依存有點不同：相互依存快樂感，是從找到人生意義或目的後所獲得的滿足感中產生的。那麼，人生意義或目的從何而來？

答案來自哈佛大學令人眼睛一亮的研究結果：「溫暖的人際關係」會讓人覺得自己的人生深具意義，讓人對生活產生滿足感。相互依存快樂感並不一定要大張旗鼓，做大事才能擁有——舉凡在餐館裡幫陌生人倒杯咖啡，讓對方臉上展露笑容；在公車上對殘疾人士伸出援手，或單純當個心地善良的人等等——所有這些事情加總起來，最終會為一個人的人生帶來豐厚的滿足感。

這樣的結果其實蠻容易在自己的生活中找到。試著回想一下上個月幫助陌生人的經歷，不需任何理由，只因你看見了對方的需求。當你回想起這段經歷的時候，心裡是不是生起一股溫暖的感受？

—————— 帕秋仁波切 ——————

尼泊爾大地震發生時正值每年的雨季，即2015年4月25日（星期六）上午11點56分，震央位於加德滿都西北方大約50英里處。第一

次地震持續了大約50秒左右，震度約莫落在7.8或8.1，實際數字說法不一。但我只覺得這個地震比我所能想像的任何地震都還要大，那50秒是我人生中最長的50秒。不到一分鐘，我們周遭的世界立刻變得面目全非。許多建築物都被震毀，有些甚至嚴重損壞到根本沒有辦法再住人。之後我們又經歷了超過45次震度在4.5到6.6之間的大小餘震。我和太太、兩個年幼的孩子，跟其他人一樣，有兩個多月的時間是住在外面的帳篷裡。

剛開始，我們四個人像擠沙丁魚一樣睡在一頂單人帳篷裡。當雨水開始淹進帳篷裡時，我們只能拿鞋子擋在帳篷口，像築水壩一樣防止雨水淹進來。我們的父母睡在隔壁，一樣是一頂很小的帳篷，而且比我們的還要老舊。在他們後方的是一個小男孩的帳篷，他是我祖父的轉世。廁所是臨時搭建起來的，在地下挖一個洞，四周用塑膠布圍起來。跟其他人相比，我們還算比較幸運的，至少我們有一個遮風擋雨的地方來躲避滂沱大雨。我父親的身體狀況不是很好，在這種情況下我蠻擔心他的。有一段時間，我們都沒有辦法洗澡，我的孩子得了頭蝨。三餐大部分只有白飯跟扁豆。由於餘震不斷，老實說，我實在很難完全放鬆。

地震發生的那天下午，我們幾乎都還在驚嚇中，只能啞白數著餘震來臨。餘震的第一個徵兆是狗會叫，鳥會先飛走，再來就是人類的尖叫聲！一片混亂中，我們幾乎無法靜下心來去檢視我們的鄰居、家人、朋友是否安全。隔天早上，我繞著寺院轉了一圈，看看住在臨時帳篷裡的僧人們是否都還安然無恙，順便巡視地震對寺院造成的損害。

僧人們受到不少驚嚇，但基本上都沒有大礙。但我們的寺院——由我的祖父、祖母、伯父和我父親，以及我們資深僧人和學生攜手建造的寺院，受到了嚴重衝擊，結構出現重大損壞。看見眼前的情境，

非常讓人傷心，但因為這諸多的加持，讓我們這座沒有鋼骨支撐的老式建築寺院，居然還挺立在那裡，像一位年老、莊嚴的禪修大師般直挺挺地端坐著。正當我走到外面院子時，我們一位年輕僧人朝我走來，撲倒在我懷裡哭了起來。他住在附近村莊的母親，因房子倒塌不幸離世了。聽到消息的那一刻，我從自我關注的擔憂中震醒了。

當時，沒有人不受地震影響。與其等待救援到來，不如靠自己解決問題。我們的寺院必需負責救援工作。接下來的兩個月，我和太太也一起加入救援工作，我們馬不停蹄地幫忙運送食物、藥品和避難帳篷給鄰近村莊的人。同樣身為倖存者的我，要找到內在力量安住當下以不斷為需要的人伸出援手，是蠻艱難的。

但奇怪的是，每當我回想起那段時光時，我的確記得那時所經歷的苦，但讓我印象最深刻的卻很不一樣。我記得一些很微小的事情，例如，我太太的幽默感——她取笑我，說附近雪謙寺的救援工作做得比我們好多了，尤其是，他們每天早上第一件事，就是為那些在外頭搭帳篷的人送上熱騰騰的茶！我也記得當我們遞給村民能遮風避雨的防水布，讓他們能安穩睡覺時，他們臉上的表情。我記得我們的僧人、尼師有多善良、體貼，不只對援助的人如此，對彼此也是如此。更重要的是，我記得自己身為能夠為災民做出些微貢獻的團隊成員，內心那種安適的滿足感。

那段日子很辛苦，充滿悲傷、心碎、沮喪和絕望，但也總是有積極的事情需要去做、可以去做，並且也真的沒有時間想著其他事情。即使我是人們口中的「神職人員」，我的職責是回應有需要的人，但我在那之前從未遇過如此大的挑戰，也從未受到如此大的鼓舞要去做一些事。我們每個人同時是受難者也是照顧者。整個尼泊爾幾乎是緊密相連在一起的，彼此依賴，度過每一天。現在，當我回想起那段時光，雖然充滿了悲傷，卻也充滿了喜悅——能夠為那些急需援助的人

伸出援手,讓我們感到十分欣慰。

當我們把他人需求看得比自己重要時,就會找到生命的意義。如果我們心裡頭只有自己,那麼我們的行為就和彼此相依的宇宙基本法則相違背。

我們的看法是:只要越能按照萬事萬物相依存的自然法則與他人、環境互動,就越能根據自身的自然聰慧做出決定或選擇,而非按照文化制約或習性驅使的行為或反應來決定與選擇。

若不稍加審視的話,我們似乎很容易根據習慣反應做出選擇。但這樣的選擇或決定並不是根據我們的真正智慧(自由模式)。它們只是文化或生理條件主導下的反應(奴隸模式)。我們越是能認知到,任何一個微小的行為,即便是像買紅酒這樣的事,都不是靠築起門牆的小小一人就能完成的,而是一個溫暖擁抱他人的行為所成——當我們越能觸碰自己內在的溫暖,就越能使自己的人生變得美好,進而使我們的朋友、同儕的人生也變得更美好。

加深你的連結感

當你可以強化一直與他人相依存的感覺時,就更容易過著充滿慈愛與關懷的生活,也必然更能感受到相互依存的快樂感。在我們說明如何讓內在天生的溫暖在任何情況下都能發揮前,如果能先做 些練習會很有幫助。下面的訓練目標有兩個:記得相互依存

性,以及感受自身慈愛與關懷他人的能力。

首先,為了能體驗相互依存的快樂感,要先能看見萬事萬物的相互依存性,而非聚焦在分離性。相互依存是一切實相的基本面向,當我們的生活方式與實相不同調時,就會影響我們看待事物的角度。透過分離性這個模糊不清的鏡頭看待事物,就犯了讓自己的行動與反應是基於一組錯誤假設的風險。當我們的目光聚集在分離性時,看待世界的方式就是基於錯誤資訊而建立的,這就好像一頭栽進游泳池,卻沒有先看清楚裡頭有沒有水一樣。

第二,我們應該要檢視自己人生中所接受到的恩惠與照顧。今天我們是仰賴他人的善意與照顧才會站在這裡。我們度過了牙牙學語的嬰兒時期,學習新事物,獲得賴以維生的技能等等——這些都是彼此相依及他人恩惠的結果。成長過程中,有許多助我們一臂之力幫助我們成長的人,我們根本都不認識;事實上,我們也沒辦法全部都認識。正如同布蘭奇・杜波依斯在《慾望街車》電影裡說的:「我們一直倚賴著陌生人的善意。」

確實,我們在成長過程中,也受過許多創傷與挫敗,我們不應該漠視那些經歷,應該要正面以對,從中學習。但我們卻太過突顯那些不好的經歷,以至於加重了自己與人群的分離感與失望感。要治療這種孤立感,方法之一就是去專注思考自己人生所受過的恩惠與照顧[3]。但在那之前,重要的是先承認以及重現那些過去

---

3 如果是為了治療童年創傷,或許尋求專業協助(例如心理諮商)會比較好。本書所列的訓練或許也能加速復原過程。此外,好的心理諮商師也是一種體貼關懷的體現!

所接受過的恩惠與愛。這樣能幫助我們在日常互動中更容易變得善良、體貼、明辨，而不是總在批評他人。這些都是認出彼此相互依存性的結果。

思惟彼此相依性

我們會請你去思考每天發生的事，花一點時間去反思這些不同事件是怎麼產生的。換句話說，你要不斷提醒自己去看到日常生活中的彼此相依性。

訓練 13

餐桌上的相依性

※

- 花一點時間反思擺在你面前的這盤食物。
- 思考一下有多少人成就了這盤食物來到你的餐桌上。包括你買食物那家店的店員、種植作物的農夫、運送食物的貨車司機。
- 接著思考一下那些人是怎麼從事那些工作的？是誰教那位農夫種田的？是誰撫養那位司機大哥成長的？是誰製造了那台貨車？是誰發明了貨車？那台貨車行走的路又是誰鋪的？等等。看看自己可以想得多遠。

訓練 14

工作上的相依性

※

不論你賴以維生的工作為何,想想所有與你工作有關的人——包括你的同事、購買你的產品或服務的人。如果你是上班族,那麼是誰幫你製造你的辦公桌跟椅子?誰設計了那棟大樓?誰蓋的?那些建材是怎麼到那邊的?那些人是怎麼學會蓋房子技術的?

在第一部的基本快樂中,我們提到如何培養感恩的心。在這裡,我們要把練習延伸到去思惟日常用品所給予的恩惠,並深入去省思他人對我們的恩惠。

訓練 15

萬物賜予的恩惠

※

有沒有一些物品是你每天都會用到,讓你的生活變得更便利的?試想一下,如果家裡沒有冰箱的話會怎樣?如果沒有自來水管呢?還是如果沒有用來上網的手機?這個訓練有點像是感恩練習裡的「感恩所擁有的特質或事物」(第79頁),只是在這裡我們要感謝的是萬物給予我們的恩惠。

恩惠？沒錯。例如，冰箱非常仁慈地幫我們保存食物，避免滋生細菌，守護我們的健康。家裡或院子裡的植物很大方地製造氧氣給我們，幫助我們呼吸。

恩惠並不一定來自有意識的行為。當我們看著一朵美麗的花時，光是欣賞這個行為就能帶我們回到當下——而這就是花朵賜予我們的恩惠。凝視花朵的清新美麗，為我們帶來了喜悅——這就是花朵給予我們的恩典。人們嘴裡常說：「這是一個冷酷無情的社會。」的確，我們的世界有時會發生不好的事情，但這不表示這個世界就只有這個樣貌，我們的世界還盈滿了自然、自發性良善。

- 清晨，花五到十分鐘創造開闊感。
- 想一個你每天或是幾乎每天都會用到的東西，它對你的幫助無可取代。想想那個東西如何成為彼此相依恩惠的一部分，像前面的訓練一樣，由衷生起感激之情。
- 進一步想想那些製造這個物品的人。如果這個物品是一個恩典，那麼製造這個物品的人必然也是其中一環。
- 現在，放鬆心情。放下所有念頭。花幾分鐘，安住在禪定中，你可以使用專注於呼吸或之前我們教過的任何方法。

訓練 16

記得自己受過的恩惠

✸

儘管我們人生中有許多要承擔的東西，但不可否認地，我們也受到，並且也持續在接受他人的恩惠與照顧。

在我們年幼，沒辦法自己吃飯時，得靠其他人餵食、夜裡為我們蓋被子；當我們病得太重，沒辦法自己從嬰兒床爬下來時，必須有人帶我們去看醫生。上學後，有些人遇到好老師，教導我們一些重要道理，或者至少幫助我們畢業。又或者遇到心靈導師，讓我們有了心靈寄託或宗教信仰。

每天，我們都在接受他人恩惠與照顧，可能是職場裡教導我們技能的人，或是感冒時給我們一碗雞湯的人。甚至小到在電梯裡，問我們要到幾樓的人，或是當我們的導航不靈光時，為我們指路的人。

通常，剛開始試著回想自己曾幫助過自己的人們時，我們的心會往反方向走；立刻回想起自己曾受過的每個微小或難以承受的痛苦與折磨。

但是經過一些練習後，我們就能夠漸漸回想起那些每一個在人生中曾經幫助過自己的人。也許有些記憶塵封已久，但只要稍微用點心，這些回憶就會再次回來。

寫下所有曾經對你好或照顧過你的人。只要想到一個,就把它記錄在名單內。他們不一定得是具有清淨動機的完美聖人,只要他們曾經對你施以善意、幫助、照顧過你。

- **在晨間禪修時,以創造開闊感開始。**
- **回想起名單中的一個人。在你想起那個人對你做的事時,記得要對這段回憶送上感激之情。**
- **剛開始練習時,可以先從小的時候養育你的人開始。讓自己去感受那個人在你小的時候給你的慈愛與關懷。對那個人的恩情獻上感激之情。**
- **在每座終了,以專注呼吸或任何前面提過的禪修方法安住幾分鐘。**

訓練 17

沐浴在慈愛光輝下

※

在練習上個訓練幾週後，現在把範圍擴展到不僅限於直接對你有恩的人，而是你恩人的恩人。

我們的人生是由一代接著一代，無數的恩情所構築出來的。不管你是否認識那些人，只要知道有他們的存在，並想像他們的付出即可。

- 在晨間禪修時，先創造開闊感。
- 想像那些照顧過你、對你有恩的人，是一連串或是一個大網絡當中的一份子——每個恩人背後都有對他有恩的人，一個接著一個，往外延伸到幾乎看不到的盡頭，形成一個由溫情、關懷、感激與謝意交織而成的無限網絡。
- 想像在網絡中的每個人，都沐浴在愛與喜悅的溫暖光輝中，所有人都以溫情相互支持。不只要想像這個網絡的樣子，還要感受身處在其中的氛圍。
- 體會到自己雖然過去的人生經歷了挫折、創傷，但你之所以來到人世，是因為眾人的愛與溫情。
- 在每座終了，以專注呼吸或任何前面提過的禪修方法安住幾分鐘。

> 但凡一個人所擁有的都能被剝奪，
> 唯獨一件事：最後的自由——
> 選擇面對任何境遇的態度與處理方式——
> 不能被剝奪。
> ——維克多‧弗蘭科（Viktor Frankl）《活出意義來》

我們通常認為有不同選擇與能夠做選擇是一種自由。但真的是這樣子嗎？應該只有根據正確判斷而來的選擇才算真自由！

因此，我們的焦點應該放在選擇上，讓自己獲得更優質的資訊，避免落入慣性認知中。有些選擇能讓我們更不受背景、文化、過去創傷和習慣所影響，讓自己越來越不帶偏見地看待世界與自己。

因此，選擇權在我們身上。試想：過去的我們是不是像囚犯一樣，活在一個被慣性思惟與情緒所禁錮的錯謬世界中，活在與他人分離的處境中？還是我們可以選擇讓自己住於當下，活在與他人相依、互惠的氛圍中？

第八章
放輕鬆！停止批判

初學者的心中，可能性很多，
專家們的心中，可能性很少。

有一個老人和兒子一起去爬山，途中經過一處危險陡坡時，雙雙跌落谷底。老人在救難人員抵達前就已經斷氣，其他人趕緊將兒子送到醫院。一個老醫生在檢查過兒子狀況後，說：「要盡快給他安排手術，但我不能幫他開刀，因為他是我兒子！」

你能解釋這個矛盾情況嗎？
以下是另一題挑戰：

● ● ●

● ● ●

● ● ●

在上圖中,如何在筆不離開紙張(或手不離開螢幕)的情況下,以不超過四條直線,將所有點連接起來。(答案見第128頁)

如果你對這些腦筋急轉彎一點頭緒都沒有,不要太難過。多數人都沒辦法回答其中一題或甚至兩題。即使能想出答案,他們也很訝異自己為什麼沒辦法馬上就想到。這是因為我們的慣性思惟所致,尤其是牽涉到與他人互動時,這些慣性思惟會讓我們立刻跳到結論,導致無法如實感受世界。

> *初學者的心中,可能性很多,*
> *專家們的心中,可能性很少。*
> ——鈴木俊隆《禪者的初心》

根據過去經驗做假設,是我們用來解決問題的方法之一。這樣的思考捷徑的確可以快速解決大量問題(尤其是問題跟先前遇到的情況相似)。但也有可能讓我們設定錯誤假設,做出錯誤決定。

舉一個導致災難性結果的典型例子:一次世界大戰結束後,法軍決定在德法邊境建造馬奇諾防線。法軍之所以會這樣做,因為他們假設之後還會有類似的戰爭出現,屆時武器會更先進,於是他們耗費許多金錢建築了這道防禦城牆。

然而,事與願違,德軍卻發明了一種新型戰術——閃電式軍事行動,他們出奇不意地從攻防較弱的荷蘭和比利時進攻,一路毫無障礙地轟炸到了法國境內沒有設防的地區。哎呀,真糟糕!

我們經常在腦袋裡高築自己的馬奇諾防線而不自知。科學家告訴

我們,在我們初次與人見面時,不出幾毫秒就已經對那個人下很多批判[1];接著在幾秒鐘內,那些批判就會根深蒂固,即使後面收到新資訊,也不輕易改變原先的設定。也許這就是為什麼我們老是交到魯蛇男友,但周遭的人都知道這個戀情無法長久。

答案一:那個醫生是兒子的母親。
答案二:

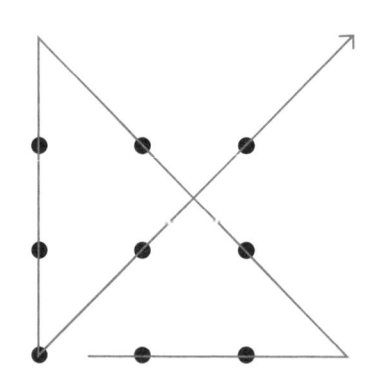

我們都曾有過這樣的經驗:在認識一個人後,沒多久那個人就變成讓我們光聽到名字就能渾身起雞皮疙瘩的人。隨著時間過去,一些事情發生,我們了解到那個人其實沒那麼可怕,先前完全錯怪他/她了。這顯示了我們是無意識的批判機器(總是在最初幾毫秒內運作),並做出錯誤假設,那些批判往往都是錯誤或不完整的,甚至像馬奇諾防線一樣危及性命。基於習慣性的反射回應、生理防衛機制或兩者結合,這些細微、非常迅速的批判,常

1　J. Willis、A. Todorov〈第一印象:在見面後一百毫秒內做出決定〉,《心理科學》第17期,第7號,頁592-598,2006年7月。

常使我們無法建立溫暖的人際關係。

好消息是你不需要跟批判對抗,這樣做是沒有用的。你只要放鬆,學習放下批判的心。擁有溫暖的心能幫助我們敞開心房、彈性地廣納新資訊,或至少不把先前的批判太當一回事。事實上,如果你能透過上一章介紹的訓練,強化內心與他人相依存的感受,在這方面你已經有不錯的基礎。

下個課題是專注於培養溫暖的心——也就是希望他人也能獲得快樂。

在第一部中,你學習到如何獲得基本快樂感,透過練習把專注力帶到當下,讓自己的心變得更有韌性。這是一種認知力的訓練:讓你不會習慣性地被念頭與情緒帶著走,而能保持完全住在當下、住於當下。透過這個修持,你能漸漸掌控自己的心。

在第二部中,你要學習的是建立相互連結的快樂感,學習如何跟日常生活的情緒相處,如何向相互依存的法則展開雙臂,一次又一次地認出這個實相。這個修持的重點是不斷地回到自己溫暖、善良與關心他人的天生能力,將自己內在的情緒腦轉化成寬大、有自主能力的心。

回想一下,當你和親近的朋友或某個特定的人在一起時,那種相親相愛的感覺是不是改變了你的世界?在你和某個人建立起特殊連結時,那樣的感覺也影響了你所有的人際關係,對嗎?突然間,你變得更能包容一切了,也不會為小事或甚至是大事煩惱。

透過培養與他人強烈的相互依賴感，讓我們更容易感受到溫暖。原因很明顯：思惟人與人之間相互依存的事實時，將更能察覺自己依賴他人的程度，以及他人依賴我們的程度。我們不僅能在他人身上看見自己，也看見彼此的共通點。這個共通點就是所有生命都希望獲得快樂，減少痛苦。

這種從觀察相互依存與共通點所獲得的洞見，能激勵內在的溫暖。有了溫暖的心，我們的行動逐漸變得仁慈與慷慨，於是人生也會變得越來越有意義。這樣的滿足感正是相互依存快樂感：內心寬廣的溫暖感，能帶領我們度過時不時的情緒波瀾與批判習氣，使我們漸漸能夠掌控自己的心，人生開始變得有意義的知足常樂。

接下來，就讓我們開始進行吧！

這一章將介紹一些能幫助你的心生起溫暖的禪修與練習。這些實修方法已有千年歷史，能幫助行者加深洞見、轉化內心，可以說都是在真實世界通過軟體驗收測試的結果。

如果你能夠將這些練習融入日常生活中，和前人一樣，你會發現自己越來越能放下批判。雖然你時不時還是會生起批判心，但你會更容易放鬆與開放心胸。當新的資訊進來時，也比較容易改變自己原先的認知。透過建立溫暖的關係，更容易感受到相互依存性，當你藉由溫暖去體會更多的相依性時，進而幫助你產生更多溫暖。這兩者是攜手並進的。

將他人視為另一個自己

.... 帕秋仁波切 ....

當我還小的時候,我很喜歡去找我的祖父祖古烏金仁波切。他後來變成我的上師,但在我小時候,他就是祖父而已。他有一種神奇能力,總是知道我需要什麼,便給我什麼。如果我餓了,他會給我一些美味食物。如果我很無聊,就給我一些玩具。在我稍大一點的時候,他會給我一些錢,讓我去買一些重要東西。我幾乎不用開口要,他就是有辦法從我的角度看我需要什麼,就提供我什麼。

隨著年齡增長,他變成我的上師,我發現他這種特質不光因為我們關係特殊而給予。有時我坐在他房間裡,看著人們從加德滿都谷地及各個地方,步行數小時前來他的關房面見他,我發現他似乎能滿足每個來看他的人的需求。他並不是給予他想給出去的,而是給他們所需要的。他總是從人們的角度出發,而非從他自己的。有些人是收到金錢,有些人是藥物或食物,更多人是獲得禪修上最甚深的教示。他似乎有一種神秘能力,能從別人的角度看待事情——大同理、了解他們的所需。不論所需為何,我的祖父似乎總是能找到一種方式,以最溫暖、最關愛的方式滿足他人。

如何能夠了解、滿足他人需求為何?答案是,要知道他人和自己幾乎是一模一樣的。不同的只是組成人類的基因跟彼此際遇而已。每個人都希望獲得快樂、遠離痛苦。如果你越能認同人類各種存在的基本共通性,就越容易建立溫暖的關係。為了做到這點,可以思惟其他人在很多方面都跟自己一樣。

訓練 18
思考所有人的平等性

※

- 以創造開闊感開始,接著做「沐浴在慈愛光輝下」(第124頁)。
- 注意到在慈愛網絡中每個人都是接受他人溫暖,也付出溫暖的人。因此,我們都是一樣的。不論自己有多幸運,承受多少傷痛,身處在這永無止盡的互助網絡中,每個人或多或少都有著相同美好或悲慘的經歷。每個人的存在都是來自於他人的慈愛,每個人也都將部分的慈愛傳遞給他人。事實上,我們所認識的每個人背後都有著類似的支持網絡,如果你回溯每個人的網絡時,你會發現這個網絡無限延伸、擴大,直到它與你的重疊。這說明我們共享了慈愛的源頭。
- 如果你往前回溯每個支持網,你會發現當今生活在地球上的每個人都是網絡的一份子。這裡頭的每個人都不想要痛苦,都希望獲得快樂——但他們至少都還能抽出時間對某個人付出愛與關懷。在這基本點上,我們幾乎是一樣的。
- 想像每個人交織的互助網絡,沐浴在愛與喜悅的溫暖光輝中。不論自己所受的支持多或少,我們都是他人付出慈愛的證明。
- 放下思惟,放輕鬆休息一會兒,之後做專注呼吸練習或再次創造開闊感。
- 祈願每個人都能獲得快樂,擁有快樂的因,也都能遠離痛苦與苦因。

> **訓練 19**
>
> # 自他交換
>
> ※
>
> - 心裡想著一個正在承受巨大痛苦的人。剛開始，可能先從你喜歡的人開始會比較容易，但你也可以從新聞裡挑選某個你很想幫助他的人做起。
> - 從創造開闊感開始。接著盡可能想像一下，如果是你正承受那樣痛苦，會如何？如果是你正經歷那樣的痛苦，你的感覺為何？你希望你的朋友、家人怎樣對待你？最希望他們給你什麼？
> - 盡可能讓想像生動、真實。去體會那個感覺，並思考你希望身邊的人怎樣幫助你
> - 過一會兒後，回到創造開闊感或專注呼吸。
> - 祈願每個人都能獲得快樂，擁有快樂的因，都能遠離痛苦與苦因。

當你思考每個人的平等性時，一再將自己跟他人交換，就會越容易將他人視為和自己一樣。

分享快樂

現在你已經能夠將他人視為和自己一樣了。接著我們要講如何將快樂分享給親近的人，並為他們減輕痛苦。在練習前，先在心裡設定幾位你想分享快樂的親近之人，例如家人、愛人或摯友。之後，再逐漸擴大包含所有的人。

訓練 20

感受並分享喜悅

※

- 以創造開闊感開始。
- 幾分鐘後，回想自己小時候（或是再大一點也可以），那段你覺得自己真正無憂無慮、快樂的時光。回憶所有的細節：你在哪裡，在哪個房間，還是在戶外？所有的場景細節。是否有任何特別景象、聲音或氣味？最重要的是回想起當時自己天真爛漫、自得其樂的感受。讓自己沉浸在裡面，讓感受越真實越好。（如果你沒辦法想到任何無拘無束的時刻，可以先做一下「沐浴在慈愛光輝下」。）
- 感受自己的心敞開了。感受身體裡的壓力、緊繃感消失，接著再做一次充分體驗過去所擁有的無拘無束喜悅感受。
- 想像這份喜悅化為一道柔和的光，將你包覆。安住在喜悅光輝中一會兒。
- 現在想像你最摯愛的人站在你面前。將這份無憂無慮的喜悅分享給她／他。邀請她感受這份你曾經有過並重新喚回的喜悅感。讓她沐浴在柔和的喜悅之光當中，以此光芒將她完全洗淨。當這份無憂無慮的喜悅之光將她的心房打開時，令她身體裡所有的壓力、疼痛全都消失，讓她也能徹底放鬆。當她感受到這股無憂的覺受時，臉上綻放出一抹甜蜜、單純的微笑；和她一起安住在這栩栩如生的喜悅當中，沐浴在柔和的光輝中一會兒。

- 接著,想像一些跟你頗為親近的人站在你面前。和先前一樣,將你曾經有過並重新喚回的喜悅、安樂感受分享給他們。看著柔和的喜悅之光進入他們的體內,令他們所有的壓力與痛苦全都釋放。在他們終能放鬆時,一抹容光煥發的笑容掛在每個人臉龐。想像有一團光暈將你們包覆起來,和你親近的人一同享受這喜悅,並安住一會兒。
- 你可以進一步將喜悅延伸出去。邀請一群你喜愛的人,也許是工作上的同事,或社群上的朋友等。像之前一樣與他們分享喜悅。邀請他們共享你所擁有的喜悅。讓他們身上的壓力、疼痛全都消失,並跟他們安住一會兒。
- 如果你剛接觸這個練習,也許修持到這裡就好。先回去做創造開闊感或專注呼吸練習。
- 以祈願每個人都能獲得快樂,擁有快樂的因,都能遠離痛苦與苦因,結束這座練習。

要跟敵人分享喜悅可能蠻困難的,因此需要多加練習。如果出現一些情緒動盪,不用擔心自己做得好不好,或是鞭策自己要如何、如何。

只要對自己有耐心、溫柔一點,最終你將有辦法邀請全世界進來你的喜悅圈。同時,你也將更能鬆解你的批判心。

訓練 21

分享喜悅給陌生人與怨敵

※

在你越來越熟悉「感受並分享喜悅」的練習後，你可以將分享範圍擴大到你不認識的人身上。

- 像前一個訓練一樣，只是現在你要回想一個你在街上看見的某個陌生人，或是早上買咖啡的店員等，任何一個你不是很熟悉的人、任何你感覺中立的人。盡可能邀請很多陌生人進來光團中。他們的身體放鬆，笑顏逐開，壓力和痛苦都釋放了。
- 這樣做一會兒後，試著把那些你討厭的人也納進來。邀請他們進到你的喜悅圈。讓柔和的光輝洗盡他們的壓力與痛苦。看著他們逐漸放鬆且展露微笑。跟他們一起微笑。對他們展開雙臂，將這份無憂無慮的喜悅分享給他們。在這個氣氛中，沒有討厭的感受，沒有批判，沒有任何嫌隙——只有柔和、溫暖的喜悅之光，填滿你的朋友與認識的人，甚至是你討厭的人。
- 在你非常習慣將喜悅分享給討厭的人後，現在試著邀請一些真正傷害過你的人，將那些怨敵納進來。又或者那些新聞上的壞人。不論它們有多惡劣，都邀請他們進來。像前面一樣，分享你的喜悅。讓喜悅之光療癒他們，並與他們一起微笑。安住在柔和、無憂無慮的喜悅之光中。
- 回到創造開闊感或專注呼吸。以祈願每個人都能獲得快樂，擁有快樂的因，都能遠離痛苦與苦因，結束這座練習。

學習放下批判

如前面所述,過去十年的科學研究顯示,人們通常在幾毫秒以內就對他人形成了強烈的看法。這些觀點很難改變,有時也是錯的。我們都有過這種經驗一開始不喜歡某個人,直到認識他之後,才發現自己錯怪他了。

雖然如此,我們仍然大量倚靠這種第一印象、慣性思惟模式來做決定。這種習於批判的過程會影響我們的觀點,削減如實感受這個世界的能力。好消息是我們可以透過在禪修中培養慈悲心,放下太快批評的習慣,並學習隨喜他人的福報。

………………… 艾瑞克・所羅門 …………………

有人請我到加州一所安全級別最低的輕罪監獄教授禪修課程。班上有一名對禪修很感興趣的人,他本身也很有個性。這邊我暫且叫他比爾。

比爾是一名漁夫,後來他發現從泰國走私大麻比捕魚更好賺。剛開始,他原本是一個愛好和平的人,但隨著走私生意越來越好,他也開始變得非常多疑和粗暴,並且也開始攜帶槍械。入監服刑後,他覺得至少可以讓他不再沉淪下去,但正如你所猜測的,比爾心中仍有一些揮之不去的糾結。

當我們跟參與課程的囚犯一起做「感受並分享喜悅」練習時,比爾非常投入。但等到我們進行與敵人分享喜悅的時候,他突然變得非常困惑,最後演變成暴怒,以至於我們必須中斷練習。後來我們才知道,原來比爾服刑的這六年期間,先前出賣他的同夥正拿著比爾的數

百萬美元，坐在法國蔚藍海岸享受人生。「我怎能邀請他進入我的喜悅圈呢？」比爾嘶吼著。

班上很多人住在同一間牢房裡，他們經常廝混在一起，對彼此的背景也都瞭若指掌。其中有個人問比爾，你有那麼多錢的時候，是否比較快樂？比爾反駁：「當然不快樂！整天拿著槍走來走去，總是擔心有人會來把我抓走。」

另一個囚犯鼓起勇氣來跟他說，他的同夥拿了比爾的錢，正是為了尋找快樂喔！他繼續說，反正比爾有錢的時候，也不快樂。其他人一擁而上，嘲笑比爾：「一個為了快樂，把錢拿走，一個卻在錯誤的地方尋找快樂。」比爾反擊說，有錢總比沒錢好。但這時，你可以看得出來他已經有點動搖。這時，另一個人喊著：「回想你有那麼多錢的時候，有多不快樂，到底為什麼你還要那麼執迷於那個東西哩？老兄。」或許很難想像在無情的監獄裡，竟然還存在這種幽默性，勸人放下、看淡一切，但我真的在那天親眼目睹了這點。

比爾並沒有立刻完全放下。但隨著所有嘲弄，他確實開始展露笑容了。他後來說這是這六年來，第一次放下對那個人的憎恨與受傷的感受。他後來不斷練習將喜悅分享給出賣他的同夥，最後使得他終於逃脫了自己設下的精神牢籠。

....

祈願每個人都快樂

你可能會發現，我們在這章的每個練習後面都會加上祈願每個人都能獲得快樂與快樂的因，遠離痛苦與苦因。我們用這樣的發願來結束每一座練習，並將這個發願作為開始每一次練習的正向動

機。既然我們的行為是想法產生的結果，因此如果能以祈願他人離苦得樂來結束每一座練習，會很好。

「祈願」有兩層意義：一個是想要達成目標的慾望，另一個是呼吸這個行為。將這雙重面向結合，在呼吸中帶著這樣的念頭，將會改變下座後的每個行為。

在每座練習結束後，呼氣時，想像整個宇宙都被你所送出的溫暖喜悅光芒撫觸，使得一切眾生，不論有無生命，全都沐浴溫暖光芒中。吸氣時，心裡想著：「願一切眾生遠離痛苦與苦因。」在無遠弗屆的廣大宇宙虛空中，你的溫暖之光進入到一切眾生、萬物之中。

盡可能這樣做，時間越久越好，最少要做三次吸氣，三次呼氣。吸氣時希望所有人遠離痛苦。呼氣時，送出溫暖快樂之光，希望每個被觸碰到的人都能擁有快樂。

人們有時會批評祈願只是讓自己感覺良好，完全沒有實際作為來幫助他人。但要知道的是，萬事萬物、每個行為都從單一念頭而來。一個簡單的希望他人快樂的善念，可能間接導致後續真正幫助他人的行為。這些行為是祈願——也就是一瞬間想法的結果。這個單一的想法有可能產生如海嘯般的結果。

第九章
體貼關懷

用了知相互依存法則的方式，

和諧地與他人互動，

這樣的態度本身就是一種關注——體貼與關懷的注視。

> 多數時候，把慈愛留在家裡時，得繞遠路。
> ——金·哈伯德（Kin Hubbard）

我們從一個悖論中發現了相互依存的快樂。雖然我們可以從與他人互動的過程中，充分感受到相互依存快樂感，但那些與他人的互動，也可能成為我們最大的障礙。如果互動過程中充滿了解、良善與關懷，那麼我們肯定能感受到相互依存的快樂；但如果過程充滿憤怒、封閉、冷漠的心，相互依存快樂感只不過是紙上談兵而已。

這一章的重點，在於練習將日常生活中與他人互動的過程，轉變成強大的溫暖支持力。這代表了我們對生活更加心滿意足，而這也是相互依存快樂感的結果。這麼做會獲得一個很酷的副作用，就是跟我們互動的人也都能受惠。透過學習體貼關懷，將前面兩

章的訓練所獲得的洞見、同理心與關懷融入日常活動中。

體貼關懷的意思是，我們將目光放在他人身上，以關懷的方式與其互動。我們之前討論過一個方法，是要像經驗豐富的主人對待賓客一樣，來處理棘手的念頭與情緒，這個方法也適用於與他人互動。一個有經驗的主人，會用友善和關心的態度照顧難搞的賓客，使得派對的每位賓客都玩得盡興。同樣的，用了知相互依存法則的方式，和諧地與他人互動，這樣的態度本身就是一種關注——體貼與關懷的注視。如此一來，每個人都能受惠，尤其是那個付出關懷的人。

四個歡喜助力

練習第四、第五章的訓練會很有用。現在我們把訓練，擴展到將相互依存快樂感與溫暖感受帶入與他人的互動，甚至是與難相處之人的互動。為了避免自己架起不必要的自我防衛機制——這是相互依存快樂的敵人，我們可以透過「四個歡喜助力」做到。

　　慷慨
　　安忍
　　貫徹
　　承諾

這些助力能幫助我們自然而然地關懷他人，同時也滋養自己；如此能為生活增添一許幽默與喜悅，更重要的，能為生命帶來更大的滿足與意義。

> 若希望透過他人洞悉全貌，需要有大度的心。
> 如果你發現自己只不過是一把小提琴——
> 將自己在音樂會中的角色扮演好，能讓你打開通往全世界的門。
> ——雅克·伊夫·庫斯托（Jacques Yves Cousteau）

慷慨布施

在你反覆練習本書所列的訓練後，當你對他人更具同理心時，你會發現自己更能夠自然而然地對他人生起慈愛。

──────── 帕秋仁波切 ────────

　　有一天，我從一家咖啡店走出來，看見一個遊民躺在紙箱板上。那時天氣蠻冷的，那個人顯然很不舒服。他的臉上長了很明顯的大瘤，因此他試圖別過頭，不想讓人看見。

　　我想像自己如果是他的話，感覺如何；在天寒地凍下，睡在路邊紙箱上，沒人正眼瞧我一眼或關心我的存在。於是，我轉身回到店裡，點了一份熱騰騰的三明治跟咖啡，在紙巾裡包了一點錢，拿出去給他。我蹲下身，把東西交給他，坐在他旁邊，跟他聊天。

　　他很感激有食物可以吃，更感激有人願意跟他聊天、尊重他。我盡我所能地不要讓他感覺被人輕視，並對他所講的東西展現興趣。我依然清晰記得，當時他的眼睛從黯淡轉變成閃閃發光，以及他臉上慢慢綻放的溫暖笑容。

────────────────────────────

　　慷慨布施是指不求回報地盡力將美好事物施予他人，讓自己的惠

予能為他人帶來安樂。布施不僅限於金錢或物質，也可以是給予時間、關心、援助、鼓勵、情感上的支持與尊重。在相互依存的實相本質下，這是很自然的基本道理——你的安樂與我的安樂息息相關。

我們每個人或多或少都帶有一點吝嗇的個性，相較於給出去的，更願意花時間與精力給自己。你或許會認為自己蠻慷慨的，事實上在各方面，你也確實是如此。但每次你緊抓住某個東西時，即便只是一個感受或想法，都算是一種隱微的慳吝。過去我們花費許多時間在執著的事物上，或者試圖延長擁有美好事物的時間，但我們卻也發現這些執著的行為，只會帶來許多問題而已。慷慨布施不僅能利益你布施的對象，也能利益到自己。因為兩者是相互依存的！

試著想像一下，一個完全沒有慷慨精神的世界會如何——每個人都只顧滿足自己的需求，完全不管他人。這樣的世界怎麼可能不悲慘、不幸呢？在你布施時，重要的是要記得完全不求回報。真正的布施不應該像一門投資生意。心甘情願、歡喜給予，不論情況為何——家人、生意或公益活動。這點真的很重要。

舉例而言，如果你的一個朋友正面臨低潮——或許她剛失業，面臨家庭與經濟困難，又或者只是單純心情低落——花一點時間去探視她、陪她聊天。對她伸出援手。在路上看見街友、乞丐，給他一點像是食物、毛毯或金錢的物質援助，或者在這麼做時，外加一個微笑。當你遇到一個固執、喜歡指使人的老闆——也許是你的主管——給她一些尊重，因為這或許正是她想要或需要的東西。

當我們不喜歡或不認同某人行為時，通常會開始抗拒、封閉自己，並以抵抗的心情回應。如果能抱持寬宏大度的心態，就像那個有經驗的派對主人一樣，你可以想：「我可以給這個人什麼東西，是他需要的？」這個時候，也許只是誠心傾聽就能獲得答案，或者你也可以運用同理心。即使是在辦公室裡，當你跟同事因為公司重要業務意見相左時，你還是可以給予對方時間、尊重與理解。

> 鐵石心腸的心，是問題最大的心。
> ——鮑伯・霍伯（Bob Hope）

訓練 22

練習慷慨

※

這個練習是「感受並分享喜悅」（第134頁）的延伸。分享喜悅就是一種慷慨布施，不是嗎？

- 練習「感受並分享喜悅」。
- 在結束這座練習前，祈願自己能夠以大度、慷慨的心接近世界。思考一下今天一整天的時間裡：有任何情境可以讓你練習慷慨的嗎？有沒有任何情境，讓你通常都是報以跟慷慨相反的慣性反應？想像自己如果是用慷慨的心態回應會如何？
- 回到創造開闊感或專注呼吸幾分鐘。
- 全心全意祈願每個人都能獲得快樂，擁有快樂的因；都能遠離痛苦與苦因，來結束這座練習。

> 若是你能享受等待，
> 無需等待，就能享受。
> ——棚橋一晃

> 安忍是凡事的關鍵。
> 雞是孵出來的，不是把蛋砸碎得來的。
> ——阿諾・亨利・格拉索（Arnold H. Glasow）

安忍

如果你很慷慨，但是脾氣很差，沒什麼耐性，就沒辦法感受相互依存的快樂感——因為人們不想跟你在一起，跟你在一起會很痛苦。對應之道是安忍、不急躁。

但是，安忍並不表示要你把脾氣收起來，藏在微笑表面下。這或許會利益到你周遭的人，但卻會為你自己帶來大問題。如果你心中總是帶著仇恨、憤怒或惡意，這些情緒會慢慢增長，小火苗漸漸演變成熊熊大火，最終將你完全吞噬。因此，為了自己好，要由衷地學習安忍。

同樣的，就跟慷慨訓練一樣，安忍也有一個很酷的副作用，就是也能利益到他人。

為了學習安忍，首先你要說服自己，發脾氣不能解決任何問題。事實上，還有可能讓事情變得更糟。發脾氣只是我們的慣性反應，通常是基於不可靠的資訊而來。我們都曾有過亂發脾氣，卻

很不好意思地發現自己太早下定論的經驗。亂發脾氣沒有辦法消除已經造成的傷害或錯誤。亂發脾氣沒辦法讓自己和他人快樂，更沒有辦法讓自己贏得他人尊敬或獲得力量。

這麼一來，發脾氣有何作用呢？要學習安忍。如此一來，你會獲得一顆清明的頭腦，讓你做出可能的最佳判斷，也讓你自己和周遭的人好過一點。

在你保持安忍時，試著不要生起這樣的念頭：「我對這個同事這麼有耐心。她脾氣這麼暴躁，我還對她這麼有耐心，我這是在施予她恩惠。」這樣的想法，最終可能害到你自己。

如果你是以這種自我中心的方式耐著性子，表示你沒有遵循相互依存法則，你只是暗自強化了自大的觀點。真正的安忍是從真正的慷慨精神而來。付出，卻不求任何回報。

在慷慨訓練中，所突顯的是萬事萬物相互依存的法則，在安忍訓練中，你則應該要突顯開闊的感受。當你感受到無邊無際時，就不會習慣性地以憤怒回應。

開闊感是安忍的基礎，在那寬闊的狀態中，你感受到自己擁有決定行為的自由。這就是為什麼，如果你想要變得更有耐性，應該要每天多修持幾次小歇禪創造開闊感，這會有助於你的安忍動機。

> 沒有耐心的人多可憐啊！
> 有什麼傷口不是漸漸癒合的呢？
> ——威廉·莎士比亞

訓練 23

練習安忍

※

這個練習幾乎跟慷慨訓練所做的一樣。

- 以練習「感受並分享喜悅」（第134頁）開啟一天。
- 思考一下今天一整天的時間：有沒有什麼情境可以讓你練習安忍？有沒有什麼情境通常會讓你生氣或產生怨氣？想像自己如果不要立刻反應，而是給自己一些空間的話，會如何？這就是安忍的關鍵。
- 在結束這座練習前，回到創造開闊感或專注呼吸幾分鐘，並祈願自己能用安忍對待這個世界。
- 全心全意祈願每個人都能獲得快樂，擁有快樂的因，並都能遠離痛苦與苦因，以此來結束這座練習。
- 現在開啟你的一天。

> 在刺激與回應間，存在著空間。
> 在那空間中，我們有決定如何回應的力量。
> 而那個回應代表了我們的成長與自由。
> ——維克多・弗蘭科

貫徹如一

我們在第六章討論基本快樂感時，談過貫徹如一（第99頁），現在我們來看看貫徹如何應用在相互依存快樂感上。

慷慨與安忍都是卓越的品德，但這兩者都需要其他特質輔助。如果我們非常懶惰的話，就成就不了什麼事。不論是想要學會演奏樂器、成為駭客高手、創新藝術家、醫生、律師，又或者變得更慈愛、能關懷他人，都需要全心全意投入，不能三天捕魚、兩天曬網，心情好的時候才做，而是要不論情況為何，始終貫徹如一。

因此，我們要帶著熱忱自始至終投入——意思是，以積極的動機，做我們喜歡做的事，利益自己，也利益他人。你可以慢慢地從家人、朋友開始做起。這點很重要，因為當你開始做某些自己很享受的事情，會發現也能為你的家人和他人帶來利益時，這會讓你感受到真正相互依存的欣喜，一種千金買不到的內在喜悅。

有人說，大多數人行善是為了給自己帶來快樂與滿足感。因此，他們說實際上這些人跟其他人一樣自私。讓我們仔細研究一下這句話，舉例而言，試想有兩個人，手上各有十萬美元。第一個人決定用她的錢幫助別人做一些事，帶著真正為他人服務的動機，

真誠地希望能幫助到他人，但同時也知道這樣做也會為她帶來快樂。第二個人完全把錢留給自己，一毛錢都沒有給他人。是的，他日子過得相當舒適，但因為他自私的態度，從未為他的心帶來任何真正的喜悅。這兩個人真的沒有差別嗎？

歸根究柢，想要為自己求得一些快樂或良好感覺的心態，並不是真正的慷慨，因為你讓自己迷失在追逐希望與擔憂恐懼的狀態中。我們都知道，執著的結果一點都不好。既然你已經開始著手培養慷慨與安忍了，最好讓自己脫離出來，不要太被結果如何左右。

當然，要完全擺脫所有希冀，包括在練習中連一點利益都不期待，實在是太難了！所以期待一點東西，是自然的。事實上，在一開始，我們也的確需要一些動機來激勵自己開始。應該沒有人閱讀本書的動機，是為了他人快樂而讀吧！這中間的關鍵在於，了知希冀的缺點，並注意到自己太過執著於結果。對付出努力卻利益他人的這個矛盾本質，幽默以對，培養出興趣與熱忱，來跟自己的習性共舞，並與之對抗。一般而言，真心為了他人付出或行善，很自然地會讓你感到快樂，但不要對這種感覺上癮、執著，也不要只為了獲得這樣的快樂而行善。

本著這種心態，為了讓自己穩定地依照實相本質生活，請讓慷慨布施與安忍成為你與人日常互動的重心，這種善良與關懷的表達就是始終如一。

正如我們在第六章「心住當下」所說明的，當你希望在日常生活中建立某個禪修習慣時，最好從承諾自己能做到的分鐘數開始。

這些要點在從基本快樂訓練晉升到相互依存快樂訓練時，都需要維持。

先從合理的最低目標開始，你知道自己做得到，從這裡開始累積。向自己保證，前三天每天至少花幾分鐘做練習。三天後，再把分鐘數提高一到三分鐘，然後再堅持個三到四天。慢慢地把承諾的練習分鐘數跟堅持天數，往上累加。

訓練 24

暖心小歇禪

※

你可以透過暖心小歇禪的練習，將溫暖的心整合入一整天的時光中。

- 當你有幾分鐘空閒時間時，安靜地坐著，祈願每個人都能獲得快樂。
- 吸氣時，心裡想著：「願一切生命遠離痛苦與悲傷。」
- 呼氣時，從你心間送出溫暖、快樂的光芒，一直到最遙遠的外太空。
- 想像被這光輝碰觸到的每個人，都感到心滿意足與無憂無慮。
- 呼氣時，心裡想著：「願所有人都快樂。」

試著至少練習三回合呼吸，如果時間充裕的話，可以做更多！

承諾

我們怎樣才能做到所有行為更具一致性，讓相互依存的見地完全深入到我們的一舉一動之中？重要的是，我們應該許下承諾，告訴自己務必要體現相互依存性。

我們要誠實面對自己，知道自己那些地方應該改進。如果你從來不注意自己的問題，也不努力改進——不論那些問題是跟情緒有關，或是生理上、人際關係、工作上的問題等等——這些問題都會在日後一再出現，情況也會越來越糟糕。因此，我們要對自己瞭若指掌。正視自己的缺點並接受它們。這是一個非常重要的特質，傳統上稱之為「戒律」。

很多人認為戒律就是規範，像是「哪些該做，哪些不該做」。但真正的戒律來自於承諾要去注意並接受自己的缺點與過錯。

試試看舉起你的食指，指著你的臉，然後想像一個你極為討厭的人指著你說：「你是一個小心眼、易怒、脾氣暴躁的失敗者。你是個騙子！」這時觀察自己的心，不要被怒氣或反擊姿態牽著鼻子走，試著反問自己：「這是真的嗎？我真的很小心眼嗎？我真的很容易生氣，脾氣暴躁嗎？」誠實回答自己，除了你之外，沒有人會知道答案。

.... 艾瑞克·所羅門 ....

當我的老闆把我叫去他的辦公室做績效評估時，我已經當了大概十八個月的經理。上一任經理做了六個月就走人了，跳槽到一家新創

公司。我很喜歡我的新主管吉姆，他很公正，會設定明確、可達成的目標，且擁有許多可茲學習的經驗。因此當我聽到我的考核結果時，我大為震驚。

吉姆確實提到我的成果，但不知何故，我什麼也沒聽進去，反而聽到了一大堆我沒有做好的部分，例如，我常常因為一些小事發脾氣，控制不了自己的情緒，太快挑同事和報告的毛病等等，還有很多。垂頭喪氣之餘，我回到家中，立刻把塵封以久的履歷給找出來。

剛開始，我的思緒極為混亂，認定吉姆絕對是當我的主管時間不夠久，才會說出那些話。我在內心裡為自己辯護，反對所有的指控。我變得越來越自以為是。等到我把履歷更新完成後，我知道我應該改變自己的心態。

於是，我來到矽谷上方的山坡上走了很長一段路。在漫長的爬山過程中，在加州蔚藍的天空照映下，我一邊欣賞著聖克魯斯山脈廣闊的美景，一邊將混亂的思緒慢慢沉澱下來。我在小徑上找到一個可以俯瞰山谷美景的好地方，坐下來好好欣賞眼前一切。

慢慢地，我開始反思自己的狀況。我發現吉姆的確點出幾個我行為的缺失。跟許多科技界的年輕主管一樣，我被拔擢是因為技術，而不是我的人際能力。所以我應該不用訝異自己在這方面還有很多需要學習的地方。此外，我想吉姆對我說的那些評論，其他人肯定也很有感，但吉姆是唯一肯說真話的人。事實上，他願意費心跟我說這些，可能也是因為他相信我有改善的潛力。

我越審視自己的情況，不帶許多先入為主的批判，認為自己一定是怎樣，一定不是怎樣，就越能看到現況，吉姆說中了我應該改進的地方，若非全部也差不多，不論是在工作、家中或任何地方。於是，我決定再給吉姆六個月時間，而那份精心打磨的履歷表則從未寄出。

即使別人很客氣地指出我們的錯誤時，我們的態度也會變得有點敵意。試問這樣的結果對誰有害？很明顯的，對自己有害，因為我們錯失了讓自己進步的機會，並持續地為自己和他人製造問題。因此，不要等待他人指出你的錯誤，要自行指出錯誤，並檢視自己的行為是否體現了相互依存性。你是否是慈愛、慷慨與安忍的？還是仍然有進步空間？

承諾的另一個層面是指正確的行為或道德。如果你的行為古怪、魯莽冒失，甚至驚世駭俗，大家有可能覺得被你侵犯或惹惱，想辦法避開你。這樣的你可能也不會快樂到哪裡去。當然，你可能會想：「我不在乎別人怎麼想或說我什麼。我想怎樣就怎樣。」你可能會認為自己想做什麼就做什麼，不用去管他人怎麼想，這樣代表了自由，因此是有意義。

然而，也有一些人做事比較謹慎，會去注意其他人怎麼說、怎麼想，對這些人來說，這種生活方式是有意義的。當然，最終選擇哪一條道路還是取決於個人抉擇，且讓我們來檢視一下這兩個選項。

如果你按照第一個選項生活——只做你想做的——這個情況永遠不會終止，因為你只是像奴隸般被動追逐你的慾望與希求。希望我們到這裡已經說服你，舉凡你的慾望、所喜歡的事物、想要擁有、保有的東西等，都是無窮盡的；沉迷在上面，永遠無法使你滿足，只會把你困在持續感到不滿足的牢籠中。

因此，要能夠反省自己的行為、說話、與人互動的方式。道德在

第九章　體貼關懷

這裡代表著以合宜的方式行動與說話——慷慨布施與安忍。這代表了話語柔和、有禮貌、體貼、尊重他人等等。但要記得這樣的行為不能只有表面或表裡不一。所有你的想法、言語與行為都要保持一致。有時候要讓這些通通保持一致似乎有點困難，尤其在剛開始時，但至少盡力做到趨近一致。你不妨捫心自問，如果沒有這種道德感，自己有可能會有內心平和、有意義的人生嗎？

或者我們也可以換個方式思考約束這件事，你可以想想看哪一種行為模式能讓你用更真實、更正確的方式感受自己、他人及周遭環境？是尊重相互依存的行為模式，還是只在乎自己的自戀模式？如果你能從這個角度審視自己的每個行為，那麼你就不需要遵循許多道德規範。

你可以心裡想著，希望自己能夠不帶任何慣性偏見的論斷與攀緣回應，更真實地體驗一切人事物，以此來檢視自己的行為舉止。如果你能從這個角度看待事物，很多時候，你會自然知道該怎麼做。

總結一下，我們需要許下這三個承諾：不帶批判地注意自己的缺點；願意不斷改進自己；維持基本道德。

> *心態上的弱點，*
> *會變成個性上的弱點。*
> ——愛因斯坦

訓練 **25**

練習承諾

※

這個練習的目的是讓自己習慣於認出並接受自己的怪癖、缺點，有機會更能夠與相互依存快樂感接軌。你也可以利用這個練習檢視自己人生中的障礙、令人困惱的問題或是對你帶來壓力的人。

- **以創造開闊感開始。**
- **等你準備好後，檢視自己過去的二十四小時，自問以下幾個問題：**
  - ☐ 我是否盡量做到仁慈、慷慨、有耐心？
  - ☐ 我在面對他人時，是否誠實？
  - ☐ 我是否考慮到他人的需求？
  - ☐ 我是不是太過以自我為中心？
- **記得不要比較；不需要批判自己或跟他人比較。**在這開闊空間裡，有足夠的空間容納我們所有的缺點，並且這些缺點也不能代表我們，因為只要生起一點慷慨、安忍，你就可以改變、成長，克服一切缺點。試著盡可能對自己敞開心胸，誠實以對。善待自己，就像面對一個想要改善缺點的親密家人或朋友。當你安住在開闊感時，讓自己客觀地觀察生命中所面臨的挑戰。
- **有沒有一些地方是可以藉由許下承諾而改變的？**即使只是一點點也可以。對自己許下承諾要改善自己。想像自己克服這些關卡後的樣子。
- **以衷心祈願所有人能得樂與樂因，離苦與苦因，來結束這一座練習。**

創造相互依存快樂　　日常訓練計畫

讓我們把第二部當中所列的各種與相互依存快樂有關的訓練，整合成一個日常計畫。我們建議你一次只專注於一個訓練，等到熟悉之後，再進行下一個訓練。理想情況是在四個月時間裡，每個訓練應該練習兩個禮拜，再進行下一個，並花一整個月時間在「感受並分享喜悅」訓練上。這樣的計畫將幫助你用更扎實的方式，鍛鍊你的相互依存快樂感肌肉群。

｛創造相互依存快樂｝

上午

在快樂中醒來：在你醒過來的第一刻，想像自己今天一整天和善、關懷、慷慨與安忍的樣子。祈願今天自己的行為能讓其他人感到快樂，或幫助他們減少不滿足或痛苦。

相互依存快樂感訓練（10-15分鐘）：選擇第二部中所列的任何一個訓練，練習10-15分鐘。試想一下今天一整天中，要做幾次的暖心小歇禪訓練，同時想像一下啟動這些時刻的信號鐘是什麼。祈願每個人都獲得快樂，然後展開你的一天。

下午

暖心小歇禪：運用一整天零星時間，如等待電影開演、搭公車時，不要滑手機看臉書，練習創造開闊感、專注呼吸並練習慷慨。計算自己每天總共修持幾次小歇禪並漸漸增加次數。

晚間

承諾與貫徹如一（10分鐘）：反思一下，儘管自己人生大部分時間都花在追逐以自我為中心的散亂、分心活動中，但今天自己用了一點時間練習關懷他人。

慶幸：慶幸自己今天發揮了善良、安忍與慷慨的精神，或者至少沒有被惡習反應牽著鼻子走。觀想自己明天依然保持這樣的表現。祈願每個人都獲得快樂！

第三部

徹底快樂
掌握尊嚴

當下覺知一直都在。
當所有神經質習慣都消失後，
溫暖的心就是你最自然的狀態。
你的心早已擁有通往安心與快樂的一切要素。
要先建立理解與訓練，才能有所體會。
要先有體會，才能獲得無可動搖、自信從容的尊嚴。

還記得在本書一開始，帕秋仁波切提到對狗和獅子丟石頭，兩者反應不同的故事嗎？朝狗丟石頭時，狗會去追逐石頭。相反的，朝獅子丟石頭時，獅子完全不去理會石頭，而是會去看石頭是從哪裡丟出來的。當我們把注意力關注在當下，而非追逐念頭時，就是朝向獅子精神邁進的第一步，而非像狗兒一樣。但這只是第一步而已。下一步，就像獅子一樣，你要開始去看投石者。你要學習去看產生念頭的源頭，而這就是掌握徹底快樂的祕密。

真的有這麼簡單嗎？真的。嗯……，也不一定。針對我們多數人，有幾個有用的步驟，可以幫助我們了解自己真的知道要怎麼做。那麼，現在就讓我們好好看一下我們的獅子朋友。獅子知道自己很強大；牠對自己的力量深具自信。這種自信並非吹牛皮、妄自尊大的自信；獅子就是知道自己的優勢。因此，當一顆石頭丟過來時，獅子不會白費氣力去追石頭，牠只會轉過頭來凝視。通常，這樣就夠了。想像你朝一頭獅子丟石頭！當牠把頭轉過來，看著你時，難道你不會想拔腿狂奔嗎？如果你不逃命，獅子會把你給吃了。不管怎樣，你都完了──當然，石頭也是！

掌握尊嚴（Dignity）是通往徹底快樂的核心。首先你要對自己所學的訓練、思惟與禪修──包括本書所列的訓練，或者你在其他地方學習到的輔助訓練──對這些修持所產生的力量，生起一種平靜的自信。透過這些禪修訓練，你確信這些方法真的能幫助你在生活中建立基本快樂感與相互依存快樂感。藉此，徹底快樂也會浮現。

確信自己正走在邁向徹底快樂的路上，與一般自我中心的自信大

不相同。自我中心的自信往往是一種企圖掩蓋或隱藏自尊心不足的表現，這種一般的自傲或自信是基於比較而來，人們常因為自己的才華高人一等，而感到驕傲自滿。我們的自信、對自己的特長感到驕傲，往往來自於認為自己優於普通人，覺得自己高於平均水準。

但是用這種十足本位主義的觀點看待自己，其實是非常脆弱的，因為一旦有人在某些方面或某些時候比我們更強時，我們便很容易嫉妒或生氣。當我們了知自己的特長、重視自己的特質，不計優勝劣敗，就擁有了尊嚴。當我們對自己的特質擁有自信心時，根本不會害怕有人比我們更好、更快或更聰明；別人的才華天賦不會減損我們的，我們也不會落入自卑心作祟或漠然以對的陷阱。相反的，我們依然對自己的特質擁有自信，甚至也能對他人所擁有的能力感到歡喜。

在這章中，我們會提供一些能為你帶來潛移默化的新訓練。我們多數人終其一生，都像狗一樣追逐著念頭與情緒，內心從未擁有完全的滿足。其實，只要稍微轉變我們的焦點，就能帶來巨大改變——也就是將我們的注意力轉向丟石頭者——「覺知」本身。徹底快樂跟尊嚴有關，讓自己像一頭獅子：了知我們的「本覺」，對它產生信心；將注意力轉向覺知，而非習慣性地把焦點放在生起的念頭與情緒上。

雖然這個訓練有點細微，需要花時間練習，一旦你掌握了竅門，就像發現了任何人都搶不走的寶藏一樣；而這個寶藏將使你看待自己與世界的視角產生決定性的轉變。

通往基本快樂的三把鑰匙：

1 培養尊嚴

如果能夠把基本快樂感及相互依存快樂感融合在一起，便會加深對這些訓練的信心；為了為體驗基本快樂感奠定堅實基礎，我們要對這兩種快樂感有平穩的信心。

這些信心來自於了解訓練背後的意義，也體會到訓練帶來的成果。就像彈奏樂器一樣，當你的演奏技巧進步時，自然會對自己的能力更具信心。

2 放輕鬆！放下萬緣

利用念頭跟情緒來鬆綁與釋放細微的習性。透過直接看著念頭與情緒，讓這些習性消融，接著便安住在無所緣禪修中。

3 保持覺知

將注意力直接導向投石者——心的明性——這是擁有徹底快樂的最後關鍵。當我們注視心的明性時，在那個當下，便遠離了各種慣性思惟的石頭，並能將注意力安住在清淨覺知中。

第十章
培養尊嚴

你的心早已擁有通往快樂與安樂的一切要素。
要先建立理解與訓練，才能有所體會。
要先有體會，才能獲得無可動搖、自信從容的尊嚴。

………………… 艾瑞克・所羅門 …………………

在本書《徹底快樂》一開始，我提到關於我個人財務崩潰的故事，隨後是我的自怨自艾和我的主要上師打來的電話。為了幫助你回想起來，他告訴我：「現在一切都很好，別過度考慮自己。」隨著時間過去，我對這句話有了幾個深層的認識。首先，仁波切提醒我基本快樂的精髓（「現在一切都很好」），也提到相互依存快樂的精髓（「別過度考慮自己」，意思是要想想他人的需求）。之後，他就掛電話了。

為什麼？因為他對我有信心，或者更精確一點講，他相信如果我能運用所學習的禪修技巧，我就會沒事。他所要做的就只是突然點醒一下。確實，他並沒有把話全盤托出，而這也是這個方法有效的因素，如果那位導師真的很善巧的話。仁波切只是輕輕出手打斷我的習氣，力道足以讓我自己把所有的點連接起來。但實際上，儘管他對我的信心是如此美好與充滿力量，如果我對那些回到當下的方法不具信

心，這種突如其來的點醒也不見得會有用，更不用說不過度關注自己的問題，因此還能顧及別人。

....

就像獅子因為明瞭自己的能力所擁有的尊嚴一樣，你也能漸漸獲得自信，明白那些創造基本快樂與相互依存快樂的方法，能徹底改變你的心。當你對本書所列的訓練、思惟、禪修方法所起的力量具有純粹的信心時，那麼神奇的徹底快樂就會像副產品一樣出現。所謂的尊嚴，就是體驗到本書當中的訓練所產生的效果後，所產生的純粹信心。

你可以先從把基本快樂與相互依存快樂合而為一開始做起。當你的心住於當下，體驗到基本快樂感時，就不會再被不自覺追著念頭而產生的散亂狀態影響。透過培養持續關注他人的需求，建立相互依存快樂感的基礎，你能夠充滿感激，並開始能夠依照相互依存法則，與這個世界及生活在其上的居民共生共榮。這些方法彼此相輔相成。

我們還需要借助禪修時的正念覺知，來穩定愛與慈悲，讓這份慈悲能夠在各種情境生起。當我們心中顧及他人時，就會忘了自己。過度關注自己是造成不斷衡量自身感受、與他人評比、思忖我們要事情怎麼發展的主要因素。當我們的心被大愛與關懷他人的想法所填滿時，習慣以自我為中心的思考模式就會完全消失。那時，如果我們已能掌握如何住於當下，就能以一個迥然不同的方式感受自己與周圍世界，完全不受平常念頭與情緒的習氣影響。這種氣度正是徹底快樂的精髓。

培養尊嚴與自信的方法

那麼，要如何培養從基本快樂感及相互依存快樂感衍生出來的尊嚴呢？這種尊嚴與自信從理解、訓練、體會而來。在這本「心之操作手冊」中，我們透過理解與訓練，讓心獲得體會，一嚐基本、相互依存與徹底快樂的滋味。

理解來自於思考前面幾章所提及的，有關支撐基本快樂與相互依存快樂背後的邏輯。細細思量這些道理，反覆驗證，在心裡推敲或與他人對辯，直到自己充分相信這些道理為止。透過理解，你將開始相信練習基本快樂感（當下覺知）能產生特定結果，而練習相互依存快樂感（溫暖的心）又能產生其他特定結果。

訓練的意思是，我們一次又一次地練習思惟與禪修。就像去健身房幫助身體維持體態一樣，以熱忱、貫徹的方法，反覆鍛鍊我們的心，為心理及心情帶來安適。體會是理解與訓練的結果。當你有了良好的理解，並反覆不斷地訓練你的心，自然能有所體會。這樣的體會能為你帶來平穩的尊嚴，提升你對方法的信心，使你更加頻繁、有效地運用這些方法。

尊嚴的基礎，來自於充分相信與了悟：快樂的種子原本就存在於你心中。當你對基本快樂與相互依存快樂的體驗越來越熟悉時，你就會發現原來快樂的種子一直都在自己心中。你會發現：

當下覺知一直都在。
當所有神經質習慣都消失後，

> 溫暖的心就是你最自然的狀態。
> 你的心早已擁有通往快樂與安樂的一切要素。
> 要先建立理解與訓練，才能有所體會。
> 要先有體會，才能獲得無可動搖、自信從容的尊嚴。

當你越是能結合基本快樂與相互依存快樂，就越能幫助尊嚴生起。你會像獅子一樣知道自己的力量。獅子的內心沒有糾結，也不用拿自己的天賦與他人比較。他不會沒有安全感，不斷念著：「我這麼強大，我這麼兇猛，你看他們都怕我！」他不必浪費時間吹捧自己。他胸有成竹——他有來自尊嚴的自信。

當你將基本快樂與相互依存快樂相結合時，你就越能超越對結果與體驗的細微貪著。這些細微的貪著，會在練習基本快樂或相互依存快樂過程中產生。

舉例而言，當你處在基本快樂感時，有可能會喜歡上或期待禪修過程所發現的平靜感受。這種對平靜的細微貪著，可能會造成你排斥回到外面世界，不想面對與他人互動時出現的動盪與不舒服。如果發生這樣的情況，代表你又讓自己陷入了依賴外緣的狀態中。

另一方面，當你逐漸熟悉於相互依存快樂感時，也很容易產生一種要幫助他人的隱藏目的，以及做這件事能帶給你的感受等等，諸如此類的細微貪著。又或者暗自抱持一種期待，希求別人會彰顯你所做的善舉。這個時候，你可能落入衡量測度、比較與分別批判的陷阱。

鳥的雙翼

在本書前面，我們分別介紹了基本快樂與相互依存快樂的訓練方法。在訓練初期，分開練習是最好的作法。但現在，為了練習徹底快樂，我們必須把這兩者結合在一起練習。鳥兒需要有一對翅膀才能飛翔，這對翅膀都屬於同一隻鳥。正因如此，我們需要當下覺知，也需要當下溫暖的心，才能飛向徹底快樂。

透過同時練習基本快樂與相互依存快樂，能幫助我們剷除對禪修平靜感的細微貪著。因為我們學習到，在與他人互動時的體貼關懷，要完全專注於當下，要習慣住於當下，而不需要老是希望世界保持安靜與祥和。當我們在做利益他人的事時，保持住於當下，就能讓自己遠離對結果以及希望別人表彰的過度貪著。因為住於當下，斬斷了心對自身行為的慣性評估。

我們並不是說這些細微的貪著有多不好。事實上，能有這些徵狀都是訓練有所進步的重要指標。但徹底快樂是擁有尊嚴的結果，來自於如何擺脫不斷生起希求與疑心的控制。當我們明白知足與安樂的種子，不管做任何事永遠與自己同在時，我們就擺脫了自我本位主義，獲得了自信的尊嚴。這種掌握徹底快樂的尊嚴，是我們能夠以愛、尊重、關懷對待自己與他人的泉源。

第十一章
放輕鬆！放下萬緣

如果可以鬆解自己對目的、偏好的執著，
就能在面對混亂情況時更無所畏懼，更能完全住於當下。
如此一來，我們利人利己的努力就會更有效益，
不會因為太過在乎自己的希冀與憂懼而受阻。

.... 艾瑞克・所羅門 ....

你或許曾聽說過，意第緒語「Kvetch」（碎念、發牢騷）這個字。一般而言，它是指經常發牢騷和抱怨，通常都是針對一些雞毛蒜皮的小事。這個習慣，在我的家人裡算蠻常見的，我的許多猶太人朋友也都有類似的毛病。

「發牢騷」這件事很有趣，因為它真的就只是針對無關痛癢的小事抱怨。當情況真的很嚴重時，即使是一個經常碎念的人也會閉上嘴巴，嚴肅起來，希望能夠以沉著冷靜與智慧來面對。

我的外公、外婆和祖父母都是很愛發牢騷的人。他們在年輕時都曾經歷過可怕的大屠殺和其他悲慘事件。

對他們而言，發發牢騷是幫助他們不再沉湎於往事的方法[1]。他們把發牢騷這個習慣遺傳給我的父母，他們在40、50年代的美國成長，必需面對大量反猶太主義的挑戰。我也學會了發牢騷，但老實說，雖然我不能說自己從未經歷過反猶太主義，但跟我在歐洲出生的祖字輩相比，以及在美國出生的父母相比，程度差多了。

對那些在60、70年代，成長於波士頓郊區的多數猶太人而言，反猶太主義並不是一個日常進行式。但我還是像我的祖先一樣愛抱怨，這點我太太可以證明，這個習慣幾乎沒停過，但都不算什麼重要的事。

這個情況是不是跟我們許多人的狀況類似？我們是不是經常根據過去所受的傷痛，來決定眼前情況如何應對，就好像同樣的事件再次發生一樣？也許我們還會遺傳給我們的孩子，或繼承父母的痛苦。也許我們是代替父母的傷痛經驗在回應著，而沒有認真看清楚眼前的事實。

重要的是要知道如何鬆解這些不自覺且緊緊抓住的東西。也許是念頭，也許是不為人知的目標或情緒。我們無需擔心自己是否完美；我們可以保有想法、目標，一些情緒貪著或脾氣，但我們的確需要稍微放輕鬆一點。如果可以鬆解自己對目的、偏好的執著，它們就不會造成干擾，能夠在面對混亂情況時更無所畏懼，

1　關於這個主題有一本很有趣的書，由 Michael Wex寫的《生性愛發牢騷：各種情緒的意第緒語與文化》（*Born to Kvetch: Yiddish Language and Culture in All of Its Moods*）（紐約：聖馬丁出版社，2005年）。內容是說明意第緒語非常適合用來抱怨，而抱怨又是一種用來舒緩迫害的機制。

更能完全住於當下。

如此一來，我們利人利己的努力就會更有效益，不會因為太過在乎自己的希冀與憂懼而受阻。為了能夠做到放下萬緣，我們會運用兩個訓練：利用念頭與情緒為助緣，以及在無常波濤中乘風破浪。在那之前，讓我們先講一個小故事來闡述其中要點。

.... **帕秋仁波切** ....

當我的老師告訴我不要像狗，要像獅子時，我有點羞愧，以為老師說我像狗一樣。但當我仔細觀看自己的心時，我越來越能注意到自己以前真的很像一隻狗，追著每個念頭跑，尤其是憤怒。

因此，我回去找我的老師，問他該怎麼辦。他說：「不要追逐憤怒的念頭，不要緊抓不放、緊緊握住，只要知道有那麼一回事就好。只要輕輕地覺察到憤怒，不要進去攪和。不要排斥它，也不要沉溺在裡面。只要把注意力輕輕觀看著念頭。在那當下，將注意力轉向內觀看就好，念頭會自行消失。在那時候，呼出一口氣，休息片刻。過不久，憤怒的念頭還會再回來。」

老師繼續說：「這時候你只要再次向內觀看，念頭又會自行消失。就這樣反覆練習，那個席捲你的憤怒力量將會削弱。這時候你就很容易做到原諒，更重要的是——忘掉。你不會被這種赤裸裸的情緒所壓垮，因為你不會讓它長大，你不會攀附在那上面。」

我的老師提醒我：「但是，如果憤怒生起，而你也注意到了，它卻完全沒有消失的話，就代表了你還是隱隱約約地抓住它。」

我一直練習老師教導的，漸漸地我的憤怒越來越沒有力量。我還是會生氣，但我不覺得自己得揍人、拳或對他人吼大叫。當時

我只是一個19歲的僧人,而這個修持救了我。禪修使我的心變得更有韌性了。

....

很多人以為念頭與情緒是當下覺知的敵人,尤其負面情緒是相互依存感的敵人。但其實我們可以運用念頭與情緒,即使是負面的,也能帶領我們進入當下。我們能克服負面情緒而不用排斥它們——不用把負面情緒推開,而是善巧地運用它們。

念頭是心的自然產物,有心就會有念頭;既然我們沒有辦法阻止念頭生起,在禪修時,不用去作壓抑或阻擋念頭這類的困獸之鬥。相反的,我們可以利用一個所緣來讓自己的注意力安住在上面,如此一來,既不需要把念頭推開,也不需要跳到裡面攪和。

這個所緣,實際上可以不需要運用呼吸,而可以運用念頭本身。這是一種更直接地以平等對應念頭的方法。如果是運用前面的方法,很可能會把妄念視為敵人,因為我們試圖忽略妄念,讓專注力回到禪修所緣上。長久下來,很有可能會產生禪修中生起妄念是不好的,類似這樣常見的錯誤想法。但如果你仔細想想,這實際上是蠻荒謬的。

在這個方法中,我們善巧地運用念頭本身,帶自己回到當下。透過學習直接把注意力放在念頭,而不是緊抓住它,就可以用念頭作為禪修的所緣,而不是把念頭視為一個會使人分心的東西。我們就只要單純地觀照每一個念頭的生起與消失。

舉例而言，當我們去海灘時，會注意到沙灘上正在發生的所有事情，也許有一家人在烤肉，有一群年輕人在玩沙灘排球。更遠一點的海邊，還有一對情人在散步。那個時候，你不會覺得自己得加入眼前的任何活動，你不會從沙灘椅上站起來，逕直走到那家人旁邊，為他們烤個漢堡排；即使你很愛沙灘排球，你也不會縱身跳到人群中，一舉把球打到對面網子去；甚至，非常肯定的是，你也不會跑去把那對戀人拆開，偷親其中一人一口，不管那個人穿著泳衣看起來有多麼性感。你將一切盡收眼底，卻不會攀附其上，不會過度投入。

如果掌握了如何在禪修中看著念頭的技巧，就不會進一步跟念頭攪和，我們跟念頭的關係就會產生戲劇性的轉變。首先，在禪定覺知發生的狀態下，妄念會喪失使我們分心的力量；就好像看見沙灘上的烤肉聚會一樣，我們不會跳進去參與那個聚會。

念與念之間的空隙

在這樣練習一段時間後，就會漸漸地開始注意到一些東西。也就是說，當我們的禪修力量稍微穩定一點時，就可以將注意力轉向念頭本身。這麼做的同時，念頭就會立刻消失，使得前念與後念之間打開了微小的空隙。在那個自然的空隙中，我們仍覺察著，仍住於當下，明明朗朗，沒有散亂。

剛開始，念與念之間的間隙幾乎是才剛出現就消失了，因為馬上會有另一個念頭生起填補那個空隙。那個時候，我們可以單純將

注意力轉向那個剛生起的念頭，而它也會像它的前念一樣消失。就這樣練習，慢慢地念頭與念頭之間的間隔時間會越來越長。

如果我們能在那時不時出現的，念與念之間的自然空隙中，安住一段時間，在那段時間我們就會體驗到「無所緣」的禪修。

在那個空隙裡，覺知是打開的，心完全住於當下，不倚靠將注意力放在任何所緣上。當我們對這樣的狀態越來越熟悉以後，這樣的狀態本身就變成禪修的所緣。

在一開始，我們讓自己安住在念與念之間的間隙中，能多久就多久。但對多數人來說，這個間隙其實蠻短暫的。不過沒關係，當下一個念頭出現時，我們也只要以平等心看待新的念頭，觀察它即可。

透過觀察念頭，可以幫助我們維持在無散亂的狀態，而當念頭消失的那一剎那，沒有散亂的心就是禪修的所緣。這個時候不需要任何東西。當我們對這個方法深具信心時，即使是面對難以應付的念頭與情緒，也能增強我們的尊嚴。它們能增強我們將注意力安住於當下的能力，而不是臣服於負面念頭與情緒。

> 如果一分鐘內，
> 你的心有一百個念頭生起，
> 表示你有一百個禪修所緣。
> ——岡波巴

訓練 26

運用念頭與情緒作為所緣

※

- 以創造開闊感開始。
- 一會兒後,進行專注呼吸練習。
- 注意你心中生起什麼;注意你的念頭。不要去想它們,就只要注意到就好。
- 當一個念頭生起時,單純觀察那個念頭。如果不去思考那個念頭,念頭會自然消失。這個時候,會有一個自然的空隙出現,安住在那裡,直到下一個念頭生起。
- 如果你發現自己開始在思考那些念頭,那個時候只要認出自己的行為就好,接著把注意力帶回當下。
- 一段時間後,如果你發現自己沒辦法單純看著念頭,而是會不斷攪和進去,就回到專注呼吸練習。
- 以衷心祈願所有人能得樂與樂因,離苦與苦因,來結束這一座練習。

接續做下一個訓練。

訓練 26
運用念頭與情緒作為所緣

※

✦ 觀河流

這個訓練的效果很徹底，因為與其視念頭為障礙，努力維持正念覺知，不如把念頭當作禪修的所緣，安住在當下。但是，在訓練初期，心中的念頭跟情緒可能來得又急又猛，使我們根本分不清念與念之間的間隙。

那是因為當念頭跟情緒在心中生起時，我們習慣不自覺地去攀附每個念頭與情緒。在這種情況下，我們要改練習「觀河流」，觀看「念頭的遷流」，而非念頭本身。當你觀看河流時，你的眼睛不會個別注視每段流動的水，而是看到連續不斷的水流過去。河流就是水流，如果沒有水流，我們不會叫它河流。

同樣的，只要把注意力安住在念頭與情緒的遷流上，而不是去跟隨每個閃過的念頭。透過這樣的訓練，你會漸漸熟悉觀看念頭而非攀附念頭，不會習慣性地去思考每個生起的念頭。相較之下，當我們習慣觀看這樣的遷流後，念與念之間的空隙就會自然顯現。

這樣一來，念頭本身變成了能對治不自覺思緒的解藥；變成能對治無意識地不斷與念頭攪和的習慣，而這種習慣正是一種攀緣。

- 不要去攀附或想要追隨每個念頭。
- 就只要觀看。
- 不論心中生起什麼，就只要看著它來、去，輕輕地，不要執取。

在你做這個練習時，不需要像一個在洞口等待老鼠出現的貓，隨時準備猛撲。不用在等待念與念之間的間隙出現時，隨時準備撲上去，不要這樣。如果你用這樣的方式練習的話，你反而會被念頭帶走，就好像當你說：「嘿！這裡有一個間隙！我一定要在這裡安住。」這表示你用另一個念頭填補了這個間隙。

最好的做法是，安住在那間隙中。不管念與念之間是否有空隙，一貫維持你的開闊感。不帶想要發現空隙的目標而禪修。如果空隙出現了，那就維持在那當下。如果念頭生起了，也維持在那當下，看著念頭就好。如此一來，不管是哪種情況，你都是在練習放下萬緣。

不要只在座上修的時候，才這樣做。你可以在任何地方都做這個練習，尤其是當你覺得自己心裡千頭萬緒，有點喘不過氣來的時候。這時可以馬上進行小歇禪（第90頁）。如果你能事先在座上修時掌握一點竅門，這時就能善用小歇禪的優勢；或者也可以在一整天之中，試著花一點時間練習觀看單一念頭，而非攀附在上面。

第十二章
保持覺知

心具有知道、明的能力，
完全不需要透過思考——就可以覺知，
可以知道眼前發生的事，
不需要依靠念頭才知道。

透過練習「運用念頭與情緒為禪修所緣」，我們能熟悉於安住在念與念之間的空隙中。在那個自然生起的空隙中，不需要任何禪修所緣（例如：專注在呼吸上），因為那時候我們已全然住於當下覺知中。但那個空隙通常都蠻短暫的，不過假以時日，我們將會越來越穩定。

這個時候，我們還是會面臨另一個微妙的問題：你可能會開始認為念頭是不好的，以為最好要進入無念的狀態，才算真正禪定，就像前面提到的那種全然住於當下覺知的狀態。又或者我們會尋找念頭，覺得自己需要有個念頭來觀看，然後再安住在念頭的消融中。

很顯然地，如果我們抱持這些想法，等於又讓自己受希望獲得、擔心沒獲得某種狀態的影響。雖然透過運用念頭與情緒做為禪

修所緣，能讓我們的心開始轉向投石者，但這樣做還是有一點間接。

對禪修越來越有經驗後，就會對覺知越來越熟悉，能夠注意到自己是否分心。我們會發現自己可以不用依靠念頭，例如要生起像是「哎呀！我又分心了」這樣的念頭，才能知道自己是否散亂分心。心具有知道、明的能力，完全不需要透過思考——就可以覺知，可以知道眼前發生的事，不需要依靠念頭才知道。注意到自己散亂的那一刻，不是因為思考自己有沒有散亂才注意到。那一刻的知道，是因為我們的心沒有散亂，全然住於當下。練習初期，這種知道、明可能只維持很短暫的瞬間。

就像獅子懶得去看所有丟過來的石頭，而看著丟石頭者；我們也不去觀看所有的念頭，而去觀看念頭製造者——「覺知」本身。當你把心轉向觀看「知道有念頭」的那個主體，你就和獅子一樣，看向投石者。當你看向知道、明的那一刻，你可以：

放下而安住
放下要住於當下
放下知道

在放下的那一刻，你就是處在心性、本覺當中。心性、本覺，永遠垂手可及——不論是否有念頭可得知。

放下是什麼意思？意思是，讓心保持本來面貌，不論其狀態為何。不要去想自己是否專注於明、知道，是否處在自然空隙中。

不論情況如何，讓心維持在那樣的狀態。有一個方法可以幫助我們想像放下的感覺，就是比如一個人在外辛苦工作一整天後，回到家的情況：經過一整天的工作，你完全筋疲力盡，回到家往最愛的躺椅一靠，放下一切重擔。就像這樣，把所有東西都放下，像結束一天漫長工作的人一樣，好好休息。在放下的那一刻，你的覺知是打開的，完全沒有散亂。

你需要尊嚴來放下萬緣：確信放下才是修行之道，相信心中一切顯現的東西，就像在水中寫的字。當你在水面寫字時，那些字只會出現一下子，之後便會自然消失。當你緊抓著念頭與情緒不放時，似乎有著各種煩擾。但當你擁有尊嚴時——勇於放下的自信——所有煩躁都會消失，你無需費力，念頭與情緒就會自然消解。

當憤怒生起時，與其跟隨憤怒的心情，不如看著知道「有憤怒」的那個知道、放下然後安住。你也可以運用這個方法在各種情況上，置身其中，但別忘了情緒就像水面上的字，記得去看著那個知道，並放下。看著憤怒，見到憤怒毫無根基的一面，放下並進入找不到任何憤怒根基的狀態中。

憤怒有時是生起一個「我很生氣」的念頭，有時只是我們身體裡一股焦躁、不安的感受。無論是哪一個，都只要看著就好：知道有這個念頭，或者知道有這樣的感受，然後就放下。我們過去的習性是去跟隨憤怒，給它力量，為憤怒找藉口或排斥憤怒。現在開始要覺知這一切的運作，覺知習性是怎麼演變成行動的。

當你的覺知打開時，就能夠在習性完全發作前逮到它。讓自己不

是習慣性像狗一樣追著石頭跑,而是習慣性地像獅子,以覺知作為所緣,不是以念頭或情緒作為所緣。當一個念頭或情緒產生時,你要很自然地轉向知道有這件事,然後放下。

> 不要看著念頭,要看著起念者。
> ——祖古烏金仁波切

訓練 27
覺知禪修

※

這個禪修沒有所緣,我們不用任何所緣來禪修,心依然住於當下且無散亂。

- 以創造開闊感開始。
- 一會兒,在你準備好後,放下方法,讓自己覺知任何你感覺得到的東西,也許是門外的吵雜聲、外面飄進來的香氣、肩胛骨下一陣搔癢的感覺,或是一個突然萌生的念頭。
- 現在把注意力轉向內,轉向那個知道有聲音、氣味或觸覺的主體。在那一刻,放下一切,安住在自然覺知的狀態中。
- 讓覺知去察覺自身。
- 在那一刻,轉向那份知道,然後放下。這時的你是自然而然住於當下,沒有迷失在念頭思緒中。這個覺知是沒有焦點的覺知,是無所覺而覺。

在你做這個訓練時，你可能會想：「我看不見覺知。」但在你覺得自己看不見的當下，正是在覺知。要不然，你是怎麼知道的？不用一定要看見某些東西，只要注意到自己正在覺知。

如果我們注意到自己沒發現自己正在覺知，在那注意到的當下，也是覺知。這個訓練唯有在我們想要看見某些東西時，才是困難的。而那份注意到自己在覺知的細微感受，正是徹底快樂的精髓。

覺知一直都與我們同在，從起床那一刻，直到上床睡覺。即使在夢中，我們也是有覺知的。在昏沉中我們仍然有覺知，我們覺知到自己昏沉。因此在禪修過程中，如果感到昏昏欲睡，這時可以看著知道自己想睡的那個主體。我們也可能感到煩躁，這時只要把注意力轉向感受到煩躁的那個知道特性（明性）。如果感覺沒有什麼東西要覺知的，就把覺知轉向了知沒有所覺的覺知。

在這樣的覺知狀態中，念頭可能生起，只要我們以平等心看待念頭，然後輕輕地轉向覺知本身，念頭就會失去牽動我們的力量。這樣的方法同樣適用於視覺、聲音、氣味上。不論心中生起什麼，都不會糾結或排斥，當然也不會去思考它。我們只會把注意力轉向覺知的主體。

有所緣禪修與安住在覺知中，交替運用

不倚靠所緣而能安住在沒有散亂的時間，可能非常短暫。如果

你沒辦法發現任何自然空隙或清淨覺知的時刻，請不要灰心。漸漸地你就會找到。透過定期、持續的練習，會變得越來越簡單。

其間，沒有必要感到糾結。你有時可以使用有所緣禪修，有時可以丟掉方法，將注意力安住在覺知本身。過一會兒，再回到有所緣禪修。你可以反覆交替運用，例如：使用有所緣禪修幾分鐘後，放下所緣，將注意力轉向覺知，之後再回到有所緣禪修，依此類推。

訓練 28

覺知小歇禪

※

不論你手邊正在做什麼，都可以學習隨時暫停、放下、保持覺知。不論是在行進間、吃東西時、跟朋友聊天等等，幾乎任何時候，都可以暫停一下，進行覺知小歇禪，這個時候你可以：

- **暫停你的思緒**，轉而注意知道自己正在思考。
- **放下攀緣**，放下一切，安住在覺知中。
- **保持覺知**，保持對覺知的覺知。

這個訓練需要花一點時間熟悉。你需要反覆不斷地練習，直到越來越能夠將覺知融入日常生活為止。

自性中的尊嚴

當你不斷進行這些練習後,你會變得越來越熟悉覺知——也就是「心的自性」。這個心性不會因為出現了什麼而改變、增益或染污。心所具有的明(知道)的能力,即便是在昏沉的狀態中,也不會因為任何念頭、情緒煩惱或感受生起,而變得更差或更好。天空中可能出現雲、雨或各種風暴,但這些都不會使天空有所減損或增益。

假設你有一條髒毛巾,表面上看來污垢好像是毛巾的一部份,但是當毛巾被徹底清潔乾淨後,你就會發現毛巾完全不受污垢所沾染。同樣的,當我們越來越熟悉我們的本覺後,縱然有許多負面、狂風暴雨般的念頭與情緒席捲而來,我們也能了知心的明性永遠不會改變。

了知自心的覺性是不會受沾染的,這份了悟將為你帶來自信。不論發生了什麼事,總是有個最根本的地方無論如何都不受沾染、不受損害。透過學習將注意力專注在覺知本身,你會親身體驗到心這種無沾染的狀態。而在你自性當中的尊嚴,就是對這種無沾染的特性、覺知本覺的方法以及相關的種種真實體驗擁有充分自信。

擁抱徹底快樂　　日常訓練計畫

如果你到這裡已經累積許多基本快樂感，與相互依存快樂感的訓練經驗，那麼非常好。因為這樣你就能夠將那些經驗，運用在徹底快樂的訓練計畫上。當你專注於培養徹底快樂感時，應該要保持每天都練習。這個日常訓練計畫比前面兩個計畫需要投入更多時間，因為你要把基本快樂跟相互依存快樂結合進來。因此，最好能夠至少每天花大約一小時在上面。

｛擁抱徹底快樂｝

上午

在覺知中醒來：在你醒來後，不要急著下床。反而，當你有意識地覺察到從夢中世界接掌過來的那一刻，留意自己當時的心如何。當你注意到任何念頭、情緒或感受生起時，立刻看著知道這些的明性。

晨間禪修（20-45分鐘）：從創造開闊感開始（5分鐘）。練習「運用念頭與情緒作為所緣」或「覺知禪修」（5分鐘），之後練習「感受並分享喜悅」（5分鐘）。交替使用這兩個練習兩到三次。之後再以兩分鐘的「運用念頭與情緒作為所緣」或「覺知禪修」結束。

下午

覺知小歇禪：當你記得要禪修，或是你的小歇禪信號鐘響起，便向內觀看那個能知者——或者觀看心「能知」的特質——然後放下。一會兒後，祈願所有生命都能獲得快樂（用三次呼吸）。

不論你在做什麼事時，保持你的覺知。不要忘記要數今天總共做了幾次的小歇禪！

晚間

晚間禪修：以創造開闊感開始，接著花10~15分鐘交替進行覺知與暖心禪修。

回顧一下今天：誠實檢視自己今天的行為：是否符合相互依存法則？你所作的決定與行為，是否或多或少幫助你對自己及世界有了更真實的體驗？你是不是可以做什麼，來削減那些沒有助益的習氣？有沒有什麼習性老是出現，阻撓你？你可以預測它有可能在什麼時候出現嗎？想像一下，明天自己是否有辦法逮到那些習性，且能夠看著覺知。

反思與慶幸：反思自己過去人生大部分時間，都在追逐自我沉溺的散亂事物，如今你可以花一點時間專注發展

覺知。慶幸這些具有覺知、善良、安忍與慷慨的時刻，或者慶幸自己至少沒有掉到習慣性的負面反應與行為中。然後，觀想自己明天再做一次。

以溫暖的心入眠：帶著感恩的心情入睡，因為自己做了一些值得嘗試的練習。當你躺在床上時，感受一下當下覺知。察覺到床單和毯子與皮膚的接觸，察覺到知道這些感受的知道，然後放下。現在，輕輕地專注在呼吸上，體驗呼吸在胸口進出的感覺。感受你的心。想像心間有一股輕柔的溫暖。向內看著知道這個感受的能知者，然後放下一切，輕輕地入睡。

[後記]

願如水流暢，如虛空寬廣

徹底快樂是持續一生，熱忱地和我們的意念、心以及世界共處的事。徹底快樂不是經過一番努力，終於抵達一個充滿光明、歡笑的涅槃境地。事實上，透過徹底將意念、心投入當下的溫暖覺知中，我們就能體驗到自己原本就具有尋找生命意義與喜悅的元素。尋找徹底快樂是去發掘我們本來就擁有的東西。

當你明白這點後，任何挫折都不會把你徹底擊倒。就算遭逢障礙，你還是可以隨遇而安，因為你知道自己在朝正確的方向前進。擁有徹底快樂，不需要遵守一大堆生硬的新規定；也不需要不斷苛責自己哪裡、哪裡做得不好。當然，當你發現自己又落入過往那些沒有意義的陋習或負面情緒時，會不太好受。但值得高興的是，你注意到自己又掉入舊習氣中，並且現在你有許多方法可以運用，讓自己漸漸擺脫這一連串根深蒂固的習慣反應。

透過練習徹底快樂，你會很自然地想要知道自己的心如何作用，以及習慣性的陷阱在哪裡。漸漸地，你會發現雖然這些改變自己的過程有點難度，但卻對自己的人生極具意義與目的。因此，要

記得定期練習創造開闊感,並經常用下面問題反思:

- 我的生活是否符合相互依存法則?
- 我是否關懷自己與他人?
- 我的決定與行為,是否讓我更接近實相體驗?

當我們快完成這本書時,帕秋仁波切在我們作客的公寓書架發現一個不常見的東西。那是一顆雪球,裡面是紐約市的天際線。仁波切從沒看過這樣的東西,艾瑞克拿起雪球,搖了搖,雪球裡面盤旋起一陣濃濃大雪。當他把雪球放回書架時,裡頭的雪又慢慢塵埃落定,一切景象回復清晰可見。

我們的心正是如此——經常盤旋起濃濃的念頭與情緒。如果不去擾動它們的話,那些念頭與情緒都會自然沉澱,變得清晰。

若是我們越能依照徹底快樂的準則生活,就越能發掘內在的輕盈,讓這股輕柔有如流光溢彩,注入到我們所有的行為中,讓我們感受到真正的生命力。

最後,我們想以此簡單的祈願祝福大家:

> 願你的心像流水般富有韌性。
> 願你的行為像熟練的主人般招呼賓客,能回應他人需求。
> 願你保持如虛空般寬廣。
> 虛空不變,不能毀損,任何事物都能在虛空中出現。
> 願快樂之光,當下溫暖覺知,閃耀綻放。

致謝

> 一天之中很多時候,
> 當我意識到自己的外在與內在生活,
> 都得仰賴我的同胞（無論生者或已逝）的勞力付出,
> 我便知道自己必需非常努力付出,
> 才能回報我所收到的施予。
>
> ——愛因斯坦

我們要向我們的上師們致上最深的感激,感謝他們的慈悲與耐心,根據我們各別根器、能力,將過往禪修大師的知識、慈愛與智慧傳遞給我們。您在本書中所閱讀到的洞見全都來自於他們,任何錯謬則必然是我們所造成的。

另外,本書能夠出版也仰賴了許多人的貢獻:

諾布・嘉日,協助我們確保帕秋仁波切的口頭教言能以文字形式無誤地傳達。

伊娃・霍普夫（Eva Hopf）,在各方面就像另一位作者般,毫無倦

怠地和我們一起設計了本書的所有訓練與說明。

勝利傳播（Victory Communications）的貝瑞・博斯（Barry Boyce），作為本書的策畫編輯，教導我們許多寫作技巧，令每一頁文字更妙語生花。

我們的經紀人史蒂芬妮・泰德（Stephanie Tade），在還沒認識我們前，就完全信賴本書的出版計畫。她的見解與鼓勵一直是我們的靈感來源。

香巴拉出版社的工作人員協助此書維持最佳品質，尤其是編輯珍妮佛・布朗（Jennifer Urban-Brown），幫助我們發現許多重要問題，提供建議，以各種方式讓本書變得更好。

另外，還有更多人的襄助才使本書得以出版，分別是：Joshua Fouse、Jack De Tar、Michele Anthony、Matt Goult、Hilary Herdman、Oriane Lavole、Patrick Gaffney、Alfonso Schwartz、Mircia Petrus、Mathew Zalichin、Marcela Lopez、Maureen Cooper、John Makransky、Beatrice Zurlinden、Michael Friedman、Stephanie Wimmer、Jessica DuVal、Romy Pallas、Wouter Travecchio，以及 Pedro Beroy。

當然，還有多年來默默支持我們，無可計數的朋友們，我們均在此一併致上深深謝意。

玖 謝

作者簡介

帕秋仁波切是藏傳佛教新生代上師的先驅與典範。針對現代都會生活的繁忙步調，他將最深奧的佛教傳統智慧法教，以精闢、幽默有趣的方式提供給人們解決之道。

仁波切出生於1981年，家族先輩有許多修行有成的大師，他個人則被認證為第七世帕秋仁波切，一位偉大導師與禪修大師的轉世。仁波切接受了完整的佛法哲理教育與禪修訓練，上師均為當代最有成就的大師，主要上師為其祖父祖古烏金仁波切和紐修堪仁波切。

仁波切在印度比爾的宗薩高等佛學院完成學業，獲得了堪布的頭銜，其教學方式生動、活潑，尤以能夠將自己對傳統哲理的了解與上師所授的實修傳承結合，提供學生必要的工具，去發現在我們看待自己與周圍世界的慣性方式下蘊藏的智慧與悲心。

如今，仁波切經常到世界各地弘法，足跡遍及亞洲、美國、南美洲、歐洲等地的佛教中心、大學與寺院。

艾瑞克‧所羅門 過去是一名在矽谷工作的科技創業家，如今成為作家與創新禪修老師，無論是以使用者體驗設計師的角色還是心的駭客身分，他對於了解人類的心及其運作方式一直保有高度興趣。

艾瑞克之所以對這個「人類電腦」產生興趣，要從青少年時期，為孩童和學校老師教授程式設計時所啟蒙的。後來，身為麻省理工學院人工智慧實驗室指標小組的參與者，有機會和來自世界各地的資深思想家，就如何製造人工智能進行訪談。這段經歷讓艾瑞克對了解心及其運作方式產生了源源不絕的熱情，並進一步促使他研究佛教對於心和意識本質的思想理論。

他曾受邀至世界銀行和矽谷科技公司等企業組織，及世界各地的監獄、寺院和歐美佛教中心，進行演講及帶領禪修活動。

訓練清單

第三章 擁有快樂的基石：了解你的心

| 訓練 1 | 了解你的心 | 44 |
| 訓練 2 | 創造開闊感 | 48 |

第四章 做猴子的老闆，別跟它糾纏

訓練 3	專注呼吸	56
訓練 4	看著某個物體	65
訓練 5	運用聽覺	67
訓練 6	掃描身體	70
訓練 7	運用不舒服的感受	72

第五章 放輕鬆！別再比較

訓練 8	滿意自己以及自己所擁有的	78
訓練 9	感恩所擁有的特質或事物	79
訓練 10	感恩際遇、機緣	80
訓練 11	慶幸自己能坐下來修持	81

第六章 心住當下

| 訓練 12 | 正念小歇 | 89 |

第七章 思考萬事萬物相互依存的法則

| 訓練 13 | 餐桌上的相依性 | 119 |
| 訓練 14 | 工作上的相依性 | 120 |

訓練 15	萬物賜予的恩惠	120
訓練 16	記得自己受過的恩惠	122
訓練 17	沐浴在慈愛光輝下	124

第八章 放輕鬆！停止批判

訓練 18	思考所有人的平等性	132
訓練 19	自他交換	133
訓練 20	感受並分享喜悅	134
訓練 21	分享喜悅給陌生人與怨敵	136

第九章 體貼關懷

訓練 22	練習慷慨	144
訓練 23	練習安忍	147
訓練 24	暖心小歇禪	150
訓練 25	練習承諾	155

第十一章 放輕鬆！放下萬緣

| 訓練 26 | 運用念頭與情緒作為所緣 | 173 |

第十二章 保持覺知

| 訓練 27 | 覺知禪修 | 179 |
| 訓練 28 | 覺知小歇禪 | 181 |

禪修指引 38

徹底快樂——心的操作手冊
Radically Happy：A User's Guide to the Mind

作　　者	帕秋仁波切（Phakchok Rinpoche）與艾瑞克·所羅門（Erric Solomon）
英譯中	蔡宜葳
審　　定	劉婉俐
發 行 人	孫春華
社　　長	妙融法師
總 編 輯	黃靖雅
執行主編	許瑜芳
版面構成	張淑珍
封面設計	阿力
封面攝影	殷裕翔
發行印務	黃新創

國家圖書館出版品預行編目(CIP)資料

徹底快樂：心的操作手冊 / 帕秋仁波切(Phakchok Rinpoche), 艾瑞克.所羅門(Erric Solomon)作；蔡宜葳英譯中. -- 初版. -- 新北市：眾生文化出版有限公司, 2025.09
200 面；17 x 22 公分. -- (禪修指引；38)
譯自：Radically happy : a user's guide to the mind
ISBN 978-626-99099-9-5(平裝)

1.CST: 快樂 2.CST: 藏傳佛教 3.CST: 佛教修持

226.965　　　　　　　　　　　　114010827

台灣發行　眾生文化出版有限公司
　　　　　地址：220新北市板橋區四川路2段16巷3號6樓
　　　　　電話：886-2- 89671025　傳真：886-2- 89671069
　　　　　劃撥帳號：16941166　戶名：眾生文化出版有限公司
　　　　　電子信箱：hy.chung.shen@gmail.com　網址：www.hwayue.org.tw

台灣總經銷　紅螞蟻圖書有限公司
　　　　　地址：114台北市內湖區舊宗路二段121巷19號
　　　　　電話：886-2-2795-3656　傳真：886-2-2795-4100
　　　　　電子信箱：red0511@ms51.hinet.net

香港經銷點　佛哲書舍
　　　　　地址：九龍旺角洗衣街185號地下
　　　　　電話：852-2391-8143　傳真：852-2391 1002
　　　　　電子信箱：bumw2001@yahoo.com.hk

初版一刷　2025年9月
定　　價　360 元
Ｉ Ｓ Ｂ Ｎ　978-626-99099-9-5（平裝）

◎本書如有破損、缺頁、裝訂錯誤，請寄回更換。
◎未經正式書面同意，不得以任何形式做全部或局部之翻印、仿製、改編或轉載。
　版權所有‧翻印必究

Radically Happy
A User's Guide to the Mind
© 2018 by Phakchok Rinpoche and Erric Solomon
Published by arrangement with
Shambhala Publications, Inc.
2129 13th St
Boulder, CO, 80302, USA
www.shambhala.com
Chinese translation © 2025 by Chung Sheng Publishing Company
ALL RIGHTS RESERVED

眾生文化出版書目

噶瑪巴教言系列

1	報告法王：我做四加行	作者：第十七世大寶法王 鄔金欽列多傑	300元
2	法王教你做菩薩	作者：第十七世大寶法王 鄔金欽列多傑	320元
3	就在當下	作者：第十七世大寶法王 鄔金欽列多傑	500元
4	因為你，我在這裡	作者：第一世噶瑪巴 杜松虔巴	350元
5	千年一願	作者：米克・布朗	360元
6	愛的六字真言	作者：第15世噶瑪巴・卡恰多傑、第17世噶瑪巴・鄔金欽列多傑、第1世蔣貢康楚仁波切	350元
7	崇高之心	作者：第十七世大寶法王 鄔金欽列多傑	390元
8	深藏的幸福：回憶第十六世大寶法王	作者：諾瑪李維	399元
9	吉祥如意每一天	作者：第十七世大寶法王 鄔金欽列多傑	280元
10	妙法抄經本__心經、三十五佛懺悔文、拔濟苦難陀羅尼經	作者：第十七世大寶法王 鄔金欽列多傑	300元
11	慈悲喜捨每一天	作者：第十七世大寶法王 鄔金欽列多傑	280元
12	上師之師： ——歷代大寶法王噶瑪巴的轉世傳奇	講述：堪布卡塔仁波切	499元
13	見即解脫	作者：報恩	360元
14	妙法抄經本__普賢行願品	作者：第十七世大寶法王 鄔金欽列多傑	399元
15	師心我心無分別	作者：第十七世大寶法王 鄔金欽列多傑	280元
16	法王說不動佛	作者：第十七世大寶法王 鄔金欽列多傑	340元
17	為什麼不這樣想？	作者：第十七世大寶法王 鄔金欽列多傑	380元
18	法王說慈悲	作者：第十七世大寶法王 鄔金欽列多傑	380元

講經系列

1	法王說心經	作者：第十七世大寶法王 鄔金欽列多傑	390元

經典開示系列

1	大願王：華嚴經普賢行願品釋論	作者：堪布 竹清嘉措仁波切	360元
2	大手印大圓滿雙運	原典：噶瑪恰美仁波切、釋論：堪布 卡塔仁波切	380元
3	恆河大手印	原典：帝洛巴尊者、釋論：第十世桑傑年巴仁波切	380元
4	放空	作者：堪布 慈囊仁波切	330元
5	乾乾淨淨向前走	作者：堪布 卡塔仁波切	340元
6	修心	作者：林谷祖古仁波切	330元
8	除無明闇	原典：噶瑪巴旺秋多傑、講述：堪布 卡塔仁波切	340元
9	恰美山居法1	作者：噶瑪恰美仁波切、講述：堪布卡塔仁波切	420元
10	薩惹哈道歌	根本頌：薩惹哈尊者、釋論：堪千 慈囊仁波切	380元
12	恰美山居法2	作者：噶瑪恰美仁波切、講述：堪布卡塔仁波切	430元
13	恰美山居法3	作者：噶瑪恰美仁波切、講述：堪布卡塔仁波切	450元
14	赤裸直觀當下心	作者：第37世直貢澈贊法王	340元
15	直指明光心	作者：堪布 竹清嘉措仁波切	420元

17	恰美山居法 4	作者：噶瑪恰美仁波切、講述：堪布卡塔仁波切	440 元
18	願惑顯智：岡波巴大師大手印心要	作者：岡波巴大師、釋論：林谷祖谷仁波切	420 元
19	仁波切說二諦	原典：蔣貢康楚羅卓泰耶、釋論：堪布 竹清嘉措仁波切	360 元
20	沒事，我有定心丸	作者：邱陽・創巴仁波切	460 元
21	恰美山居法 5	作者：噶瑪恰美仁波切、講述：堪布卡塔仁波切	430 元
22	真好，我能放鬆了	作者：邱陽・創巴仁波切	430 元
23	就是這樣： ——《了義大手印祈願文》釋論	原典：第三世大寶法王噶瑪巴 讓炯多傑、 釋論：國師嘉察仁波切	360 元
24	不枉女身： ——佛經中，這些女人是這樣開悟的	作者：了覺法師、了塵法師	480 元
25	痛快，我有智慧劍	作者：邱陽・創巴仁波切	430 元
26	心心相印，就是這個！ ——《恆河大手印》心要指引	作者：噶千仁波切	380 元
27	不怕，我有菩提心	作者：邱陽・創巴仁波切	390 元
28	恰美山居法 6	作者：噶瑪恰美仁波切、講述：堪布卡塔仁波切	430 元
29	如是，我能見真實	作者：邱陽・創巴仁波切	470 元
30	簡單，我有平常心	作者：邱陽・創巴仁波切	430 元
31	圓滿，我來到起點	作者：邱陽・創巴仁波切	390 元
32	國王之歌： ——薩惹哈尊者談大手印禪修	原典：薩惹哈尊者、釋論：堪千創古仁波切	390 元
33	那洛巴教你：邊工作，邊開悟	原典：那洛巴尊者、釋論：堪千創古仁波切	390 元
34	明明白白是自心	原典：達波札西南嘉、釋論：堪千創古仁波切	390 元
35	帝師的禮物：八思巴尊者傳記與教言	原典：八思巴尊者、釋論：第 41 任薩迦法王	390 元
36	恰美山居法 7	作者：噶瑪恰美仁波切、講述：堪布卡塔仁波切	430 元
37	禪定之王： ——《三摩地王經》精要釋論	作者：帕秋仁波切	350 元
禪修指引系列			
1	你是幸運的	作者：詠給・明就仁波切	360 元
2	請練習，好嗎？	作者：詠給・明就仁波切	350 元
3	為什麼看不見	作者：堪布竹清嘉措波切	360 元
4	動中修行	作者：創巴仁波切	280 元
5	自由的迷思	作者：創巴仁波切	340 元
6	座墊上昇起的繁星	作者：堪布 竹清嘉措仁波切	390 元
7	藏密氣功	作者：噶千仁波切	360 元
8	長老的禮物	作者：堪布 卡塔仁波切	380 元
9	醒了就好	作者：措尼仁波切	420 元
10	覺醒一瞬間	作者：措尼仁波切	390 元
11	別上鉤	作者：佩瑪・丘卓	290 元

12	帶自己回家	作者：詠給・明就仁波切／海倫特寇福	450元
13	第一時間	作者：舒雅達	380元
14	愛與微細身	作者：措尼仁波切	399元
15	禪修的美好時光	作者：噶千仁波切	390元
16	鍛鍊智慧身	作者：蘿絲泰勒金洲	350元
17	自心伏藏	作者：詠給・明就仁波切	290元
18	行腳：就仁波切努日返鄉紀實	作者：詠給・明就仁波切	480元
19	中陰解脫門	作者：措尼仁波切	360元
20	當蒲團遇見沙發	作者：奈久・威靈斯	390元
21	動中正念	作者：邱陽・創巴仁波切	380元
22	菩提心的滋味	作者：措尼仁波切	350元
23	老和尚給你兩顆糖	作者：堪布卡塔仁波切	350元
24	金剛語： ——大圓滿瑜伽士的竅訣指引	作者：祖古烏金仁波切	380元
25	最富有的人	作者：邱陽・創巴仁波切	430元
26	歸零，遇見真實	作者：詠給・明就仁波切	399元
27	束縛中的自由	作者：阿德仁波切	360元
28	先幸福，再開悟	作者：措尼仁波切	460元
29	壯闊菩提路	作者：吉噶・康楚仁波切	350元
30	臨終導引	作者：噶千仁波切	320元
31	搶救一顆明珠： ——用一年，還原最珍貴的菩提心	作者：耶喜喇嘛、喇嘛梭巴仁波切	440元
32	轉心向內。認出本覺	作者：普賢如來、慈怙 廣定大司徒仁波切	380元
33	見心即見佛	作者：慈怙 廣定大司徒仁波切	380元
34	城市秘密修行人： ——「現代瑜伽士」的修學指南	作者：堪布巴桑仁波切	360元
35	成佛之路好風景： ——從修心到解脫的實修藍圖	作者：慈怙 廣定大司徒仁波切	380元
36	認出心性，你就解脫！ ——措尼傳承與證悟的女性修行者	作者：伊喜娜娃（郭怡青）	370元
37	給生命120道光： ——帶你穿越生命困境的智慧語錄	作者：蘇曼噶旺仁波切	360元
38	徹底快樂 ——心的操作手冊	作者：帕秋仁波切、艾瑞克・所羅門	360元
密乘實修系列			
1	雪域達摩	英譯：大衛默克、喇嘛次仁旺都仁波切	440元
儀軌實修系列			
1	金剛亥母實修法	作者：確戒仁波切	340元
2	四加行，請享用	作者：確戒仁波切	340元

3	我心即是白度母	作者：噶千仁波切	399元
4	虔敬就是大手印	原作：第八世噶瑪巴 米覺多傑、講述：堪布 卡塔仁波切	340元
5	第一護法：瑪哈嘎拉	作者：確戒仁波切	340元
6	彌陀天法	原典：噶瑪恰美仁波切、釋義：堪布 卡塔仁波切	440元
7	臨終寶典	作者：東杜法王	420元
8	中陰與破瓦	作者：噶千仁波切	380元
9	斷法	作者：天噶仁波切	350元
10	噶舉第一本尊：勝樂金剛	作者：尼宗赤巴‧敦珠確旺	350元
11	上師相應法	原典：蔣貢康楚羅卓泰耶、講述：堪布噶瑪拉布	350元
12	除障第一	作者：蓮師、秋吉林巴，頂果欽哲法王、祖古烏金仁波切等	390元
13	守護	作者：第九世嘉華多珠巴 康祖法王	380元
14	空行母事業： ——證悟之路與利他事業的貴人	作者：蓮花生大士、秋吉德千林巴、蔣揚欽哲旺波、 祖古‧烏金仁波切、鄔金督佳仁波切等	390元
15	無畏面對死亡	作者：喇嘛梭巴仁波切	480元

心靈環保系列

| 1 | 看不見的大象 | 作者：約翰‧潘柏璽 | 299元 |
| 2 | 活哲學 | 作者：朱爾斯伊凡斯 | 450元 |

大圓滿系列

1	虹光身	作者：南開諾布法王	350元
2	幻輪瑜伽	作者：南開諾布法王	480元
3	無畏獅子吼	作者：紐修‧堪仁波切	430元
4	看著你的心	原典：巴楚仁波切、釋論：堪千 慈囊仁波切	350元
5	椎擊三要	作者：噶千仁波切	399元
6	貴人	作者：堪布丹巴達吉仁波切	380元
7	立斷：祖古烏金仁波切直指本覺	作者：祖古烏金仁波切	430元
8	我就是本尊	作者：蓮花生大士、頂果欽哲仁波切、祖古烏金仁波切等	440元
9	你就是愛，不必外求： ——喚醒自心佛性的力量	作者：帕秋仁波切	390元
10	本淨之心： ——自然學會「大圓滿」的無條件幸福	作者：鄔金秋旺仁波切	399元
11	你的水燒開了沒？ ——認出心性的大圓滿之道	作者：寂天菩薩、蓮花生大士、祖古烏金仁波切等	450元
12	拔出你的本覺之劍 ——本然大圓滿與金剛歌	作者：紐修堪布仁波切、舒雅達喇嘛	390元

如法養生系列

| 1 | 全心供養的美味 | 作者：陳宥寧 | 430元 |

佛法與活法系列

| 2 | 我的未來我決定 | 作者：邱陽‧創巴仁波切 | 370元 |
| 4 | 蓮師在尼泊爾 | 作者：蓮花生大士、拉慈‧洛扎瓦‧賈恭 帕秋仁波切 | 390元 |

6	薩迦成佛地圖	作者：第 41 任薩迦崔津法王	370 元
7	蓮師在印度	作者：蓮花生大士、拉瑟‧洛扎瓦	430 元
不思議圖鑑系列			
1	王子翹家後	作者：菩提公園	360 元
2	福德與神通	作者：菩提公園	350 元